OUZBÉKISTAN,
PUISSANCE ÉMERGENTE
EN ASIE CENTRALE

Fidèle à sa volonté de maintenir vivant l'ensemble du catalogue et de continuer à rendre accessible à tous la richesse de son contenu, Les marques du groupe L'Harmattan proposent les ouvrages, même s'ils sont épuisés dans leur premier tirage, et les impriment à la demande.
Au vu de l'ancienneté de ce titre, un exemplaire original a été numérisé pour être réimprimé, ce qui pourrait altérer légèrement la qualité de certains passages.

ISBN : 2-7475-5403-1

Romain YAKEMTCHOUK

Professeur émérite à l'Université de Louvain

OUZBÉKISTAN, PUISSANCE ÉMERGENTE EN ASIE CENTRALE

L'Harmattan
5-7, rue de l'École-Polytechnique
75005 Paris
FRANCE

L'Harmattan Hongrie
Hargita u. 3
1026 Budapest
HONGRIE

L'Harmattan Italia
Via Bava, 37
10214 Torino
ITALIE

I. Le poids de l'histoire

Le XIXe siècle fut celui de la colonisation. Au même titre que les Occidentaux engagés dans un expansionnisme colonial en Asie et en Afrique, la Russie s'est lancée dans une ambitieuse politique de conquête de vastes contrées de l'Asie centrale. Gouvernés par des féodaux musulmans sunnites qui se combattaient inlassablement, ces principautés turkomanes, héritiers de l'ancien empire de Tamerlan - le khanat de Kokand, l'émirat de Boukhara et le khanat de Khiva - étaient peuplées principalement par les Ouzbeks, les Tadjiks, les Kazakhs, les Kirghizs et les Turkmènes: les deux premiers étaient en majorité agriculteurs, tandis que les trois autres menaient une vie nomade et s'adonnaient principalement à l'élevage. Se prévalant d'une longue histoire et ayant des attaches avec les courants civilisateurs turcs, iraniens, arabes, tatars et chinois, les populations de l'Asie centrale étaient majoritairement turcophones, à l'exception des Tadjiks dont la langue s'apparente à l'iranien. Elles vivaient au début du XIXe siècle à l'écart des grandes affaires mondiales, et leurs structures socio-politiques sont restées de caractère féodal - familial, clanique et tribal - le taux d'analphabétisme se situant aux environs de 99 %.

a) La conquête du Turkestan par la Russie au XIXe siècle

L'avance militaire russe et la mise en place d'organes administratifs de l'Empire tsariste en Asie centrale avaient leurs antécédents. Elles étaient précédées, en fait préparées, par les expéditions d'explorateurs dont les travaux étaient relatés dans les *Zapiski Geografitcheskogo Obshtchestva* - Mémoires de la Société russe de Géographie, fondée en 1845; certaines de ces initiatives étaient individuelles, d'autres étaient engagées sous l'égide des pouvoirs publics ou des autorités militaires. Mentionnons parmi ces très méritoires explorateurs et ethnographes les noms de Sobolev,[1] Kostenko,[2] Ivanov,[3] Khoroshkine,[4] Petrovsky,[5] ainsi que Semyonov, Fedtchenko, Terentiev, Vereshtchaguine, Mayer, Meyendorff, etc.

Le ministère des Affaires étrangères suivait attentivement ces prospections tandis que dans les milieux de l'armée on réclamait la libération de nombreux prisonniers russes détenus dans ces pays où ils étaient réduits à l'état d'esclaves. La pénétration russe dans les contrées d'Asie centrale était également motivée par des considérations économiques, plus spécialement par la volonté des marchands russes - surtout des tatars russifiés - de nouer les relations commerciales avec les gens du pays, mais étant donné

---

[1] Записки Географического Общества (Mémoires de la Société Géographique), Etnogr. IV, 1874.

[2] Bulletin de la Société de Géographie de Paris, novembre 1874.

3 Иванов и Соболев, в Известия Руского Географического Общества (Ivanov et Sobolev, dans Nouvelles de la Société Géographique Russe), 1870, Vol. IX, N° 8.

[4] Ses articles sur le Turkestan.

5 Вестник Европы, (Messager de l'Europe), mars 1875.

l'insécurité qui régnait dans ces régions ainsi que le mauvais état des routes, les échanges commerciaux restaient peu développés.

En 1829, une caravane russe fut anéantie dans la région de Khiva, et peu après, les forces de l'Empire ont engagé des hostilités contre ce khanat. Prétextant l'intervention des troupes britanniques en Afghanistan, le gouverneur général d'Orenburg, comte W.A. Perovsky, organisa en 1839 une expédition militaire contre Khiva, mais mal préparée, elle a subi de lourdes pertes et a dû rebrousser le chemin. [6] Il n'empêche qu'à la longue la Russie allait obtenir le contrôle d'Oxus (Amou-Daria), une des deux voies commerciales principales d'Asie centrale, tandis que le contrôle de la seconde voie, celle de Jaxartes (Syr-Daria) fut obtenu en 1846 consécutivement à la construction sur les rivages du fleuve du fort Kazalinsk. En 1853, les Russes ont construit sur le Syr-Daria le fort Perovsk (ancien Ak-Mesdjid), et l'année suivante le fort Verny (actuelle Alma-Ata).

La guerre de Crimée (1854-1856) et l'insurrection de Chamil ont ralenti la poussée russe en Asie centrale, mais dès 1857 le diplomate comte Ignatiev réclama auprès du ministre des Affaires étrangères A. Gortchakov l'intensification de l'envoi des expéditions exploratoires dans ces régions afin d'y prospecter notamment les opportunités commerciales. Le ministre s'est dit d'accord et l'année suivante a chargé Ignatiev de nouer les relations diplomatiques avec le khanat de Khiva et l'émirat de Boukhara. Si les pourparlers avec le khan de Khiva sont restés sans résultat, en revanche, Ignatiev a réussi à conclure un avantageux accord avec Boukhara prévoyant la liberté de navigation pour les navires russes sur le fleuve Amou-Daria, une

---

6 В.А. Перовский, Хивинский поход 1839 года. Письма графа В.А. Перовского в Москву к А.Я. Булгакову (V.A. Perovsky, L'expédition sur Khiva de 1839. Les écrits du comte V.A. Perovsky à A.J. Boulgakov à Moscou), dans Русский архив (Archives russes), Moscou, 1878, N° 5.

réduction substantielle des droits de douane, l'établissement à Boukhara d'une représentation commerciale, ainsi que la libération des prisonniers russes. Le tsar Alexandre II a grandement apprécié la conclusion de ces arrangements, en soulignant qu'Ignatiev avait réussi à obtenir beaucoup plus que ce qu'on ait pu raisonnablement espérer.

La reddition de Chamil en 1859 a libéré les troupes russes stationnées dans le Caucase, et des voix s'élevèrent à St. Petersbourg pour préconiser une politique plus active en Asie centrale et la reprise de la marche vers le Sud-Est. Promu en 1861 directeur du département asiatique du Ministère des Affaires étrangères, N. Ignatiev se fit protagoniste de cet expansionnisme territorial. Avec le ministre de la guerre le général D. Milioutine (1861-1881), il a critiqué la prudence excessive de Gortchakov qui essayait d'éviter des complications diplomatiques avec l'Angleterre en Asie et dans le Proche-Orient en s'efforçait de ne pas trop indisposer les Anglais, qui avaient eux-aussi des vues sur ces régions et avec lesquels il voulait maintenir les relations amicales. En fin de compte Gortchakov céda aux arguments du «Parti national»: Ignatiev fut envoyé comme ambassadeur à Istanbul où il déploya une grande activité diplomatique, tandis que le 20 décembre 1963 le tsar Alexandre II signait un décret ordonnant une intervention militaire contre Kokand. Dès le mois de mai de l'année suivante 1.500 hommes commandés à Perovsk par le colonel Véverkine, se sont mises en marche, alors qu'un second détachement de 2.500 hommes, stationné en Sibérie occidentale et commandé par le colonel Tchernaev, fit mouvement vers le Turkestan. Après avoir opéré leur jonction, ils poursuivirent leur marche vers le Sud, qui allait être facilitée par le ralliement à la Russie de plusieurs peuplades kirghizes, hostiles au pouvoir des khans du Kokand. La région administrative du Turkestan, constituée en 1865, allait comprendre une bonne partie du khanat du Kokand avec Tashkent, qui tomba aux mains des Russes commandés par le colonel Tchernaev, en juin de la même année. Dans une note circulaire adressée aux puissances européennes, Gortchakov expliqua que le but de la campagne menée par la Russie était d'assurer la sécurité des frontières de l'Empire en Asie centrale.

Nommé premier gouverneur général du Turkestan en 1867, le général K. von Kaufmann battit l'émir de Boukhara l'année suivante et le 14 mai 1868 il fit son entrée dans Samarkande: l'ancienne capitale de Timour s'est rendue sans combattre, et le soulèvement qui s'y produit peu après fut impitoyalement brisé. La facilité avec laquelle les Russes ont pu se rendre maîtres de ces vastes régions s'explique par le très faible armement de leurs opposants, par les divisions et les querelles intestines qui régnaient entre les khans et les émirs, par les tensions opposant les citadins aux nomades, mais aussi par la passivité des populations qui accusaient un très faible niveau intellectuel: le recensement de 1897 indiquait que le taux d'analphabétisme en Ouzbékistan atteignait 96,04 %.

Tout cet expansionnisme territorial suscitait une vive rivalité avec l'Angleterre désireuse de s'implanter dans les oasis d'Asie centrale: la signature du traité anglo-afghan en 1862 a ravivé les craintes de St.Petersbourg en ce qui concerne les visées britanniques sur Boukhara et Khiva. L'antagonisme russo-britannique s'accentua dans les années 1870-1880: engagée par Disraeli dans un vaste programme impérial et menant une politique étrangère entreprenante, l'Angleterre voyait d'un mauvais oeil la poussée des Russes en Asie centrale, qui présentait selon elle un danger pour la présence britannique en Inde et en Afghanistan. [7] Des orientalistes comme Urquard et

---

[7] Henry C. Rawlinson, England and Russia in the East. Political and Geographical Conditions of Central Asia. London, John Murray, 1875. Dmitrius Boulger, England and Russia in Central Asia. London, W.A. Allen, 1879. G.N. Curzon, Russia in Central Asia. London, 1889. V.I. Lebedev,

Rawlinson allaient accréditer l'idée qu'en poussant vers l'Inde, la Russie cherchait à obtenir des voies d'accès aux mers du Sud, et le thème de cette compétition russo-britannique - de ce «grand jeu» - fut excellement popularisé par Rudyard Kipling. Effectivement, le ministre de la guerre, le général D. Milioutine voyait en l' Angleterre une puissance ennemie et faisait avancer l'armée russe vers le Sud pour peser sur des possessions britanniques en Inde. Peu après l'occupation de Khiva par les troupes russes (29 mai 1873), et la passation de ce khanat ainsi que de l'émirat de Boukhara sous le protectorat de l'empire des tsars, le gouvernement de Londres fit savoir en décembre 1873 au gouvernement russe que cette conquête portait préjudice aux relations entre les deux puissances. Dès cette époque, l'Angleterre qui avait des visées sur l'Afghanistan, craignait que les Russes pourraient s'introduire dans ce pays sous prétexte d'y combattre les résistants turkmènes qui s'y seraient réfugiés. Il faut dire que déjà en 1840, lors de l'invasion de l'Afghanistan par l'armée britannique, l'émir de Boukhara Nasrullah avait demandé et obtenu l'envoi d'instructeurs militaires russes dans son pays, et le gouvernement de Saint-Petersbourg lui a promis son assistance au cas où Boukhara serait menacée par les Anglais. Néanmoins, le ministre des Affaires étrangères Gortchakov assura Londres que l'Afghanistan n'était guère dans la sphère d'influence de la Russie, tout en soulignant en même temps que le gouvernement britannique n'était pas habilité d'intervenir dans les relations entre la Russie et les Turkmènes.

Un peu plus tard, le chancelier Gortchakov fit savoir que la Russie n'avait aucune intention d'accroître l'étendue de ses possessions en Asie centrale. Or, arguant que les

---

Russes et Anglais en Asie centrale, vers l'Inde. Paris, 1900. A.M. Rouire. La rivalité anglo-russe en Asie. Paris, 1908. J.A.R. Marriott, Anglo-Russian Relations 1689-1943. London, Methuen, 1944, pp. 101-114. Gerald Morgan, Anglo-Russian Rivalry in Central Asia: 1810-1895. London, Frank Cass, 1981.

Britanniques s'étaient unilatéralement réservé leur liberté d'action en Afghanistan, le gouvernement de Saint-Petersbourg annonça le 17 février 1875 que le khanat de Kokand faisait désormais partie intégrante de l'Empire russe. L'expédition militaire dirigée en 1881 par le général M. Skobelev acheva définitvement la conquête du Kokand, transformé en province de Ferghana. Cherchant à effacer sa défaite diplomatique au Congrès de Berlin, la Russie a réagi à l'établissement du protectorat britannique sur l'Afghanistan en annexant la Turkménie. L'opinion russe a largement approuvé cet expansionnisme. Peu après la sanglante victoire remporté par le général Skobelev à Goek-Tepe en 1981, Dostoïevski magnifiera la mission civilisatrice de la Russie en Asie centrale. «En Europe nous avons été de ramasse-miettes et des esclaves, en Asie centrale nous serons des seigneurs. En Europe nous avons été des Tatars, en Asie nous serons à notre tour des Européens.» [8]

En 1884, l'armée russe occupa Merv et effectua un mouvement dans la direction de Hérat, ce qui a fortement indisposé le gouvernement de Londres qui a vu dans cette avance une menace pour les Indes. En revanche, l'Allemagne voyait plutôt d'un bon oeil cette poussée de la Russie en Asie centrale, qui l'éloignait des affaires européennes tout en aggravant ses relations avec l'Angleterre. Pourtant, au fil des années le conflit s'apaisa et la Russie signa en 1895 un traité avec l'Angleterre qui fixa la frontière russo-afghane. Les territoires annexés ont été incorporés au Gouvernement général du Turkestan, dont la population russe allait être représentée par un député à la Douma Impériale de 1906, tandis que l'émirat de Boukhara et le khanat de Khiva sont restés des Etats vassaux de la Russie. Boukhara a réussi à maintenir ses relations diplomatiques directes avec

---

[8] F.M. Dostoïevski, Полное собрание сочинений (Recueil complet des oeuvres). St. Petersburg, 1896, Vol. 21, pp. 513-523. F. Dostoïevski, «Gheok-Tepe». Que signifie pour nous l'Asie?, dans Journal d'un écrivain. Paris, Gallimard, 1972, pp. 1462-1463.

Saint-Petersbourg, et tout en adhérant en 1892 au régime douanier de l'Empire, elle gardait toujours sa propre unité monétaire.

L'administration tsariste s'appliqua à mettre en valeur les territoires conquis en y favorisant notamment la culture intensive du coton qui devait répondre aux besoins de l'industrie textile russe laquelle importait de l'étranger plus de la moitié du coton consommé, et cette préoccupation s'accentua lorsque la guerre civile aux Etats-Unis avait fragilisé les importations du coton américain.[9] L'initiateur de cette politique fut le général von Kaufmann qui exerça de 1867 à 1881 les fonctions de gouverneur général du Turkestan. Konstantin von Kaufmann - un Russe dont les ancêtres d'origine autrichienne s'établirent dans l'Empire des tsars au début du XVIIIe siècle - fut un remarquable soldat mais aussi un excellent administrateur qui introduisit dans le pays une réforme agraire, de nouveaux systèmes d'irrigation et un réseau de communications.[10] Peu après, l'édification d'une série d'installations portuaires fluviales ainsi que la construction d'un réseau de chemins de fer - Caspienne-Samarkande (1888), Transcaspien (1899), Orenbourg-Tashkent (1905), Boukhara-Ferghana (1910-1916), mettait fin à l'isolement de ces territoires, permettait leur développement économique et intensifiait le peuplement de ces régions par les colons russes. Entre 1899 et 1905, les exportations du coton ont été multipliées par cinq et à la veille de la Première guerre mondiale, le Turkestan assurait près de la moitié du coton produit en Russie. La ville de Tashkent est

---

9 Elisabeth Bacon, Central Asia Under Russian Rule. Ithaca, Cornell University Press, 1980. Richard Pierce, Rusian Central Asia 1867-1917. A Study in Colonial Rule. Berkeley, University of California Press, 1960.

10 Н. Остроумов, Константин Петрович фон Кавфман, устроитель «Туркестанского края» (N. Ostrooumov, Constantin Petrovitch von Kauffmann, bâtisseur du «Pays du Turkestan»). Tashkent, 1899.

devenue la seconde ville en importance, après Tbilisi, de toutes les villes situées en dehors de la Russie européenne.

Ceci dit, les territoires conquis de l'Asie centrale continuaient d'être considérés comme de simples pourvoyeurs de matières premières à l'Empire. De même, l'administration tsariste n'a pas fait grand'chose pour combattre l'illetrisme et pour scolariser la jeunesse du pays: le taux de scolarisation d'avant 1914, n'était que de 4 sur 1.000.[11] Cette défaillance éducative du Pouvoir en place allait de pair avec le refus du Gouvernement d'enrôler les jeunes Ouzbeks dans l'armée russe: le Ier Corps armé turkestanais déployé à Tashkent, Kokand, Termez et Samarkande était composé à peu près exclusivement d'éléments slaves.

b) La Révolution de 1917 et la prise du pouvoir soviétique en Asie centrale. L'Ouzbékistan devient une république socialiste de l'Union soviétique

La Révolution de 1917 eut d'importantes répercussions en Asie centrale où, après avoir suscité beaucoup d'espoirs, elle déboucha sur une sanglante guerre civile. Le Gouvernement provisoire, formé au mois de février et dirigé par le prince Lvov, était partisan d'une Russie une et indivisible, et n'avait pas beaucoup d'idées en ce qui concerne changement de la politique vis-à-vis des nationalités de l'Empire. Il se borna à constituer, sous la présidence du constitutionnel-démocrate N. Shtchepkine, un *Comité du Turkestan*, lequel comptait neuf membres, parmi lesquels il n'y avait que deux représentants de l'Asie centrale, M.

11 Дипломатия и индустриализация. Под редакцией В.Д. Щетинина (Diplomatie et l'industrialisation. Sous la direction de V.D. Shtchetinina). Moscou, Meshdounarodnye otnoshenia, 1967, p. 74.

Tanyshbaev et A. Boukeykhanov. Mais ce Comité n'avait aucune autorité pour engager quelques réformes d'envergure au Turkestan réclamées par les dirigeants locaux. Le gouverneur général A.N. Kouropatkine fut certes arrêté le 7 avril 1917, mais la réalité du pouvoir est passée aux mains du Soviet de Tashkent, lequel - ironie du sort - comptait parmi ses membres uniquement des ressortissants russes - des Bolsheviks ainsi que des Social-Révolutionnaires - mais aucun Musulman.

Or, ces derniers relevaient la tête. Les 16-23 avril s'est tenu à Tashkent le Premier Congrès des Musulmans du Turkestan auquel assistèrent 450 délégués, venus discuter de l'avenir politique de l'Asie centrale, tandis qu'à Moscou allait se réunir du 1er au 11 mai le Premier Congrès musulman panrusse où fut soulevée la question d'une autonomie territoriale du Turkestan ainsi que la libéralisation de la condition socio-politique des musulmans en Russie. Comme le Gouvernement provisoire continuait à ignorer les aspirations de ces derniers, s'ouvrait le 3 septembre le Second Congrès des musulmans du Turkestan qui réclama la mise en place d'une république autonome du Turkestan qui, fédérée avec la Russie, disposerait néanmoins de ses propres institutions fondées sur la loi islamique. En réponse, le Gouvernement provisoire dirigé cette fois par Kerensky finit par admettre le 26 septembre que les revendications d'une éventuelle autonomie du Turkestan pourront être débattues ultérieurement, par la future assemblée constituante.

Ces résolutions étaient bien tardives: la Révolution d'Octobre et l'arrivée des Bolchéviks au pouvoir à Saint-Petersbourg et à Moscou ont mis un terme à l'existence du Gouvernement provisoire. Le 28 octobre, une grève générale fut déclenchée à Tashkent par les activistes russes bolchéviks - V. Lyapine, N. Shoumilov, D. Manzhara, F. Kolesov, K. Sorokina, A. Solkine et d'autres encore - qui lancèrent le 31 octobre une insurrection armée, à laquelle se sont ralliés les ouvriers des chemins de fer, de l'usine de Borodinsk, ainsi que les soldats des deux régiments sibériens stationnés à Tashkent: les Rouges s'emparaient du pouvoir. Rompant avec l' attitude du Gouvernement provisoire, Lénine et Staline adressaient le 20 novembre 1917 un vibrant appel «Aux travailleurs musulmans de Russie et d'Orient», annonçant la rupture complète avec la politique tsariste d'oppression nationale et religieuse et promettant solennellement de défendre les droits des musulmans. «Désormais, vos croyances et coutumes, vos institutions nationales et culturelles sont déclarées libres et inviolables». Mais l'appel est resté sans grand écho. Peu après l'instauration du pouvoir des Soviets, la Direction spirituelle des musulmans de Russie a condamné la Révolution en termes très vifs et dans une exhortation adressée à ses fidèles, incita les musulmans à mener une lutte contre le nouveau pouvoir.

Il s'avéra rapidement que les promesses des dirigeants communistes ne pouvaient pas être entièrement tenues, d'autant plus que l'implantation des Soviets dans les pays d'Asie centrale se heurtait à d'évidentes difficultés, elle était pleine d'ambiguïtés et de contradictions. En règle générale, les populations espéraient pouvoir désormais affirmer plus librement leur appartenance à l'Islam, croyaient pouvoir se détacher des liens de subordination à l'encontre de la Russie, aspiraient à davantage d'autonomie politique et économique et prônaient un (vague) idéal de solidarité pan-turque. Elles restaient sous le choc de la brutale répression du soulèvement kirghiz qui s'est produit en 1916, et n'avaient guère apprécié la décision du gouverneur général A.N. Kouropatkine (1916-1917) d'enrôler les jeunes Ouzbeks dans les détachements russes pour y assumer des services auxiliaires. Or, ces attitudes et ces aspirations religieuses et nationales n'étaient point partagées par les Soviets qui commencèrent à s'installer dans le pays. Etant donné l'absence de prolétariat indigène, dans la majorité des cas - comme cela se produit notamment à

Tashkent - les Soviets étaient dominés nettement par des ressortissants russes - des ouvriers des chemins de fer et du textile - acquis aux postulats bolcheviks: après tout, le programme du Parti communiste russe restait anti-indépendantiste et anti-religieux, et cela heurtait. Début novembre, le Soviet de Tashkent proclamait unilatéralement le pouvoir soviétique au Turkestan, mais pour la majorité des habitants autochtones du pays il s'agissait là d'une affaire russe, purement russe.

Ils ont répliqué en réunissant le 22 novembre à Kokand, capitale du khanat de Ferghana, un Congrès islamique pan-turc: sur 200 délégués présents, 150 venaient de Ferghana, 23 de Samarkande, 22 de la région Syr-Daria, quatre de Boukhara et un de la région Transcaspienne. Le Congrès engagea des discusions sur l'autonomie du pays avec le Conseil des commissaires du peuple de Tashkent, mais devant le refus très net des Bolchéviks, ils ont fini par proclamer l'autonomie du Turkestan méridional, qui fut placée sous l'autorité d'un Soviet populaire - d'un gouvernement - présidé d'abord par M. Tanyshbaev, remplacé peu après par M. Tchokaev.

Cette initiative déclencha une violente réaction des formations militaires rouges de Tashkent et de Samarkande qui dès le 6 février 1918 lancèrent un assaut sur Kokand. Ne bénéficiant d'aucun soutien extérieur - l'émir de Boukhara a refusé d'intervenir - le 14 février, le gouvernement autonome fut brutalement défait, la population massacrée et la ville incendiée. Pour les dirigeants autonomistes, ce fut un choc: cet épisode marqua le début d'une longue résistance armée organisée notamment par des Basmatches, des groupements de guerriers musulmans, qui, hétérogènes, souvent rivaux et agissant sans un véritable commandement unifié, mais soutenus par des grands féodaux et des éleveurs de bétail, allaient combattre impitoyablement l'implantation du pouvoir soviétique dans ces régions. Les bolchéviks les ont traité de bandits et leur ont reproché d'être soutenus par les Anglais, mais les historiens contemporains ont jeté une nouvelle lumière sur ces événements: pour beaucoup d'entre eux, les Basmatches étaient des combattants pour la liberté. [12] La situation s'est compliquée davantage par le soulèvement des cosaques tsaristes d'Orenbourg et l'entrée en scène en Asie centrale des armées blanches qui allaient couper pendant quelques mois tout contact entre le Turkestan soviétique et Moscou. Cela n'a pas empêché le Ve Congrès des Soviets du Turkestan de proclamer le 30 avril 1918 une République soviétique du Turkestan - dont faisaient partie les régions de l'actuel Ouzbékistan (mais sans Khiva et le Khorezm), la Turkménie, le Tadjikstan, la Kirghizie et les vastes territoires du Kazakhstan - en soulignant à la même occasion que cette république devrait faire partie, en tant qu'entité autonome, de la Fédération de Russie (RSFSR).

En même temps, le pouvoir soviétique prenait une série de mesures pour surmonter ces difficultés. Sur l'initiative de Lénine fut constituée en octobre 1919 une «Commission du Turkestan», qui placée sous la direction de M.Frounzé, V. Kouybyshev et L. Kaganovitch, s'attela à renforcer le pouvoir soviétique dans le pays, et en juillet 1920 fut créé auprès du Comité central du Parti à Moscou un «Bureau du Turkestan». Elaborée par Lénine, la résolution du Gouvernement soviétique devant présider aux travaux de la Commission soulignait «le droit des peuples du Turkestan à disposer d'eux-mêmes», dénonçait «toute inégalité nationale et de privilège d'un groupe national au détriment d'un autre» et assurait que seule cette attitude permettrait «de surmonter définitivement la méfiance des masses du Turkestan à l'égard des ouvriers et des paysans de

---

[12] Martha Brill Olcott, The Basmachi or Freeman's Revolt in Turkestan 1918-1924, dans Soviet Studies, juillet 1981, pp. 352-369.

Russie, méfiance engendrée par la longue domination du tsarisme russe».

En effet, le Turkestan vivait toujours une période trouble et constituait le maillon le plus faible de la Révolution, d'autant plus qu'au sein même des formations communistes turkistanaises apparurent de sérieuses divergences doctrinales et organisationnelles: les partisans des thèses «droitières» de Trotsky et de Boukharine s'opposaient à la ligne officielle du Parti formulée par Lénine.[13] La lutte armée continuait, surtout sous l'égide du mouvement des Basmatches, qui refusaient catégoriquement de s'incliner devant les Rouges, et cette action avait des partisans même parmi des communistes musulmans, Staline reconnaîtra que ce mouvement de résistance avait des sympathisants parmi les dirigeants d'autres nationalités de la Russie, pour ne mentionner que Soultan-Galïev, militant tatar et membre du Collège du Commissariat du peuple pour les Minorités nationales, lequel «avait utilisé son poste responsable pour créer une organisation illégale en vue de s'opposer aux mesures du Parti dans la question nationale, et pour se mettre en liaison avec des forces manifestement contre-révolutionnaires, notamment avec le mouvement des basmatches de Boukharie et du Turkestan».[14] Frounzé fut chargé de combattre ce mouvement.

---

13 Лазарь М. Каганович, Памятные записки (Lazar M. Kaganovitch, Aide-Mémoires). Moscou, Vagryus, 1996, pp. 233-250.

14 J. Staline, Le Marxisme et la question nationale et coloniale. Paris, Editions sociales, 1953, p. 197. Mirsaïd Soultan-Galïev, membre du Parti communiste russe dès novembre 1917, fut nommé président du Commissariat Central musulman créé en janvier 1918, ainsi que membre du Collège du Commissariat pour les Nationalités dirigé par Staline. Dès 1919, il prêcha les idées pan-islamistes et pan-turques, en préconisant la formation d'un Parti communiste islamique autonome et la création d'une République de Turan, une République soviétique socialiste islamique. Accusé de «déviationnisme national», il fut arrêté en mai 1923 et

Il est apparu qu'en fait, la soviétisation du Turkestan, de Boukhara et de Khiva était loin d'être acquise et se heurtait à l'inexistence dans ces régions d'Asie centrale d'un capitalisme, et partant d'un véritable prolétariat industriel, mais aussi à une méfiance des populations à l'encontre des nouveaux maîtres de Russie dont elles craignaient la même oppression que celle qu'elles avaient subie pendant de longues années sous le tsarisme. Dans son rapport du 20 juillet 1920 au IIe Congrès de l'Internationale communiste, Lénine indiquait que «le travail pratique des communistes russes dans les colonies qui ont appartenu à la Russie tsariste, dans des pays arriérés comme le Turkestan et autres, a amené la question suivante: comment appliquer la tactique et la politique communistes dans les conditions précapitalistes, étant donné que le trait caractéristique essentiel de ces pays est que les rapports précapitalistes y prédominent encore, et que, par suite, il ne saurait y être question d'un mouvement purement prolétarien. Dans ces pays, le prolétariat industriel n'existe presque pas». [15] A plus forte raison, comment fallait-il faire comprendre aux gens le mot d'ordre d'une «dictature du prolétariat»? Venue de l'étranger, cette idée évoquait l'oppression qu'ils ont connue sous le régime tsariste, et rien d'autre.

Mais il est également vrai que beaucoup de jeunes, partisans à l'instar des jeunes Turcs, d'un Islam modéré, sans adhérer entièrement à la dialectique marxiste qu'ils ne connaissaient qu'approximativement, se déclaraient maintenant ouverts aux idées nouvelles prônant la libération sociale et la non-discrimination ethnique et, opposés aux pratiques féodo-absolutistes du régime des émirs et des khans, s'alliaient

---

condamné en novembre 1923 à dix ans de travaux forcés; il fut exécuté en janvier 1940.

[15] V. Lénine, Le mouvement de libération nationale des peuples d'Orient. Moscou, Editions en langues étrangères, s.d., p. 357.

volontiers avec les dirigeants de l'Armée rouge pour déposer les oppresseurs. Aussi, c'est avec leur soutien qu'en février 1920 les forces révolutionnaires commandées par Frounzé ont réussi à renverser le régime du khan à Khiva qui fut tué dans les combats, à la suite de quoi fut proclamée en juillet la République populaire soviétique de Khorezm. En août de la même année, elles ont engagé une action contre l'émir de Boukhara: victorieux, Frounzé annonça le 2 septembre à Lénine que le drapeau rouge flottait sur la forteresse de la vieille ville. Le 5 octobre 1920 fut proclamée la république populaire soviétique de Boukhara.[16]

---

[16] Pour la version soviétique de ces événements, cfr. И.К. Долонов, Победа Октябрской Революции в Туркестане (I.K. Dolonov, Victoire de la Révolution d'Octobre en Turkestan). Tashkent, 1958. К.Й Житов, Победа Великой Октябрьской Революции в Узбекистане (K.I. Zhitov, Victoire de la Grande Révolution d'Octobre en Ouzbékistan. Tashkent, Académie des Sciences, 1959. А.И. Зебелев, Из Истории гражданской войны в Узбекистане (A.I. Zebelev, Pages d'histoire de la guerre civile en Ouzbékistan). Tashkent, Gosizdat, 1959. Т.К. Кельдиев, Разгром контрреволюции в Ферганской и Самаркандской областях Туркестанской АССР (1918-1923) (T.K. Keldiev, Ecrasement de la contre-révolution dans les oblasts de Ferghana et de Samarkande de l'ASSR du Turkestan (1918-1923). Tashkent, Gosizdat, 1957. Октябрьская социалистическая революция и гражданская война в Туркестане. Воспоминания участников. Под редакцией М.Ю. Юльдашева (La Révolution socialiste d'Octobre et la guerre civile en Turkestan. Souvenirs des participants). Tashkent, 1957. Очерки Комунистической партии Туркестана. 2. Большевики Туркестана в период подготовки и победы Великой Октябрьской социалистической революции и упрочения Советской власти (Précis du Parti communiste du Turkestan. 2. Les Bolchéviks du Turkestan dans la période de la préparation et de la victoire de la Grande révolution d'Octobre et du raffermissement du pouvoir soviétique). Tashkent, Gosizdat, 1957. В.А. Сапегина, Борьба за создание Советского государственного аппарата в Туркестане (Февраль 1917-Апрель 1918) (V.A. Sapegina, La lutte pour l'édification de l'appareil soviétique étatique en Turkestan (Février 1917-Avril 1918). Tashkent, Académie des Sciences, 1956.

Tout au début, la Russie soviétique (la RSFSR) paraissait vouloir traiter ces deux pays comme des Etats indépendants. Le 13 septembre 1920, elle a signé un traité d'union avec le Khorezm (ex-khanat de Khiva), par lequel elle reconnaissait «la pleine indépendance» de ce dernier; le même jour, les deux parties signaient un accord économique. Après la signature d'un accord politico-militaire avec Boukhara en novembre 1920, la RSFSR a conclu le 4 mars 1921 un traité d'union avec cette dernière, reconnaissant «la pleine indépendance» de cette république; il fut complété le même jour par un accord économique.[17] La RSFSR allait représenter Khorezm et Boukhara à la Conférence de Gênes de 1922. Ajoutons que tout cela se fit dans des conditions politico-militaires extrêmement troubles: la guerre civile battait toujours son plein. Fin novembre 1921, les Basmatches ont été rejoint par Enver-pasha, l'un des dirigeants du parti Jeune - Turc et ancien ministre de la Guerre de l'Empire ottoman: sous le commandement de cet officier de carrière, protagoniste convaincu du panturkisme, ils se sont emparés de vastes territoires de Boukhara oriental et du Tadjikistan, et ce n'est qu'en 1923 que l'Armée rouge a réussi à les en déloger. *Volens nolens*, le congrès des mollahs de la république de Boukhara adopta en 1924 une résolution préconisant de rendre les armes et, «sous le couvert du pardon universel et de la miséricorde», retourner au travail pacifique, «car telle est la volonté de dieu et le désir du peuple». Il n'empêche qu'un important groupement militaire d'Ibrahim-beg allait poursuivre sporadiquement des combats jusqu'à la mi-1926; au Tadjikstan, le mouvement des Basmatchis se prolongea jusqu'en 1930.

---

17 Образование СССР. Сборник докукментов 1917-1924. Под редакцией Е.Б. Генкиной. (La formation de l'URSS. Recueil des documents 1917-1924. Sous la direction de E.B. Guenkina). Moscou-Léningrad, Académie des Sciences de l'URSS, 1949, pp. 241-247, 251-257.

Fin décembre 1922 fut constitué l'Union des quatre républiques soviétiques socialistes comprenant la RSFSR, la Fédération Transcaucase, l'Ukraine et la Biélorussie. Dans son rapport présenté au Xe Congrès des Soviets de la RSFSR le 26 décembre 1922, Staline expliqua que «deux républiques soviétiques indépendantes, Khorezm et Boukharie, qui ne sont pas des républiques socialistes, mais soviétiques populaires, restent pour le moment hors du cadre de cette union, seulement et exclusivement parce que ces républiques ne sont pas encore socialistes. Je ne doute pas, camarades, j'espère que vous n'en doutez pas non plus, que ces républiques, au fur et à mesure de leur développement intérieur vers le socialisme, entreront aussi dans la composition de l'Etat fédéral qui se forme aujourd'hui».

En fait, cette marche vers le socialisme se faisait attendre et plusieurs dirigeants de ces régions d'Asie centrale étaient d'avis «qu'il n'y avait aucune différence entre le Turkestan d'aujourd'hui et le Turkestan tsariste ; que seule l'enseigne a changé ; que le Turkestan est resté celui d'autrefois, tel qu'il était sous le tsar». S'érigeant contre ces affirmations, Staline expliqua le 10 juin 1923 à la IVe Conférence du CC du Parti communiste russe que, «le Comité central est surchargé de besogne et il ne peut pas suffire à tout. Il serait donc ridicule de penser que le Comité central puisse tout faire en temps voulu. Evidemment, il y a peu d'écoles au Turkestan. Les langues locales ne sont pas encore devenues d'un usage courant dans les institutions d'Etat, les institutions ne sont pas devenues nationales. La culture générale est à un bas niveau. Tout cela est juste. Mais peut-on espérer sérieusement que le Comité central et le Parti dans son ensemble sauront, en deux ou trois ans, relever la culture du Turkestan?...Comment peut-on exiger le relèvement accéléré de la culture dans les régions non russes, arriérées, où l'on sait à peine lire et écrire? N'est-il pas clair qu'ici les neuf dixièmes de la «faute» incombent aux conditions, à l'état arriéré; que là, comme on dit, on n'y peut rien?»[18]

En fin de compte, c'est le 27 octobre 1924 que fut constituée la république d'Ouzbékistan, ce retard s'expliquant par l'incertitude du Pouvoir soviétique en ce qui concerne la délimitation territoriale des populations d'Asie centrale. C'est le 13 juin 1920 que Lénine avait indiqué qu'une des tâches de la Commission du Turkestan sera d'établir une carte ethnographique «comportant des subdivisions d'Ouzbékistan, de Kirghizie et de la Turkménie», la Commission étant chargée d'expliciter en détail les conditions d'unification ou de séparation de ces trois composantes. Cette démarcation avait été achevée tant bien que mal en 1924, et c'est donc en octobre de cette année que furent créées les républiques de Turkménie et d'Ouzbékistan, auxquelles furent incorporés les territoires des ex-républiques de Boukhara et de Khorezm. Bien entendu, la composition ethnique très hétéroclite des populations n'a pas facilité la délimitation des frontières qui à plus d'un égard s'avéra artificielle. L'émirat de Boukhara fut réparti entre l'Ouzbékistan, le Turkménistan et le Tadjikstan, le khanat de Khiva entre l'Ouzbékistan, la Karakalpakie, le Turkménistan et le Kazakhstan, et le khanat de Kokand entre l'Ouzbékistan, le Tadjikstan, le Kirghizstan et le Kazakhstan. Le Premier Congrès constitutif des Soviets de l'Ouzbékistan tenu en février 1925 en présence de M.I. Kalinine, a confirmé la création de la République soviétique ouzbèke socialiste dont le gouvernement allait être dirigé par Faïzoulla Khodjaev. Allait faire partie d'Ouzbékistan, pendant cinq ans, la république autonome du Tadjikstan, créée elle-aussi en octobre 1924; le 5 décembre 1929, elle fut transformée en une république fédérée. Enfin, c'est

---

[18] J. Staline, Le Marxisme et la question nationale et coloniale, op. cité, pp. 201-202.

en 1932, que la région de Karakalpakie est devenue une république autonome au sein de l'Ouzbékistan.[19]

Ultérieurement, certains politologues ont contesté cette division du Turkestan en Etats nationaux, arguant qu'il n'y avait pas dans cette région de véritables nations et que par conséquent, les délimitations frontalières étaient parfaitement arbitraires. «L'objectif très claire de la politique soviétique - écrivait Hugh Seton-Watson - était de détruire tout sentiment de nationalité ou de culture communes tourkistanaise, turque ou persane. Il s'agissait de fabriquer un certain nombre de nations qui pourraient être tenues éloignées l'une de l'autre, opposées l'une à l'autre, alignées chacune à la nation russe. Ainsi, on écarterait tout danger d'un front commun des musulmans de l'Asie centrale».[20]

Que certaines délimitations de frontières centre-asiatiques effectuées par les dirigeants soviétiques dans les années 20 n'étaient qu'approximatives, cela ne fait pas de doute. Que l'implantation du pouvoir des Soviets dans cette région n'était pas absolument désintéressée, c'est vrai aussi, qui le nierait? Mais prétendre que la politique des nationalités du pouvoir soviétique en Asie centrale n'obéissait qu'exclusivement aux mobiles impérialistes et que l'abandon de la politique tsariste et la reconnaissance de la spécificité nationale des différentes composantes ethniques de cette région par les hommes au pouvoir à Moscou n'était due qu'à leur mauvaise foi ou à leurs noirs calculs, paraît exagéré et ne correspond pas à la vérité historique, en tout cas n'est pas étayée par des arguments

---

[19] К.Т. Турсунов, Образование Узбекской Советской Социалистической Республики (K.T. Toursounov, La formation de la République soviétique socialiste ouzbèke). Tashkent, Académie des Sciences de la SSR d'Ouzbékistan, 1957.

[20] Hugh Seton-Watson, The New Imperialism. London, The Bodley Head, 1961, pp. 58-59.

probants. Une nationalité commune turque ou une nationalité persane pour tous les gens de cette gigantesque région pluriethnique et plurilinguistique? C'est à juste titre que fut abandonnée l'idée d'un Turkestan unique, qui aurait été génératrice d'interminables conflits entre ses populations. Près d'un siècle après ces événements tourmentés, on constate que les différentes ethnies de ces pays se sont bel et bien constituées en véritables nations dont l'identité et les contours - sans être achevés - se précisent et s'affirment constamment. L'accession de ces républiques fédérées dans les années 90 au statut d'Etat n'a fait que confirmer ce devenir culturel et politique qui s'inscrit dans la loi de l'histoire.

c) Les réformes socio-économiques du nouveau régime. La modernisation de la société ouzbèke. Les résistances anti-soviétiques

L'instauration du pouvoir soviétique en Ouzbékistan eut pour corollaire une série de réformes socio-économiques: le système économique du pays allait être désormais fondé sur la propriété socialiste des moyens de production. Après avoir tenu à Boukhara, en février 1925, son premier congrès, le Parti communiste ouzbek décréta en décembre la nationalisation de toutes les terres, des forêts, des eaux et des ressources naturelles. L'économie allait être désormais dirigée sur la base des plans d'Etat. Néanmoins, la collectivisation de l'agriculture ayant provoqué de vives résistances, en fait une «intense lutte de classe» [21], les autorités soviétiques ont dû ralentir leur action, et contrairement à ce qui s'est passé en Russie, n'ont pas immédiatement exproprié les grands propriétaires des domaines

---

[21] Sh. Rashidov, Soviet Uzbekistan. Moscow, Progress Publishers, 1982, p. 45.

agricoles. Ces expropriations forcées auront lieu au cours de la période 1925-1929.

Le pouvoir communiste modifia en même temps profondément la place de l'Islam dans la société ouzbèke. L'Islam fut déclaré rétrograde, ayant joué un rôle réactionnaire dans l'histoire de l'Asie centrale dont il a freiné le progrès. Se prévalant de la sécularisation et évoquant le dogme de la séparation entre l'Etat et la religion, les dirigeants communistes ont relégué celle-ci au rang d'une «affaire privée»: le vendredi a été remplacé par le dimanche comme jour de repos hebdomadaire, l'état civil passa à la compétence des tribunaux civils, et le nombre de mosquées et d'écoles coraniques allait fortement diminuer. Avant la Révolution, il y avait en Ouzbékistan 19.905 édifices religieux et sociétés religieuses. Or, au 1er avril 1936, 9.193 ont été fermés légalement, et sur les 5.712 restants 4.830 sont demeurées provisoirement en activité, mais au fil des ans, le nombre de mosquées officiellement enregistrées allait diminuer fortement. Néanmoins, les autorités soviétiques se sont bien gardées d'attaquer l'Islam de front: la populationn n'étant pas prête à accepter l'abolition immédiate d'anciennes institutions islamiques, elles ont consenti à ce que la transition perdure un certain temps et se fasse sans heurts, en autorisant en même temps le fonctionnement à Boukhara d'une Faculté de théologie Mir Arab, la seule dans les pays d'Asie centrale; ultérieurement, allait être créé un Institut religieux supérieur à Tashkent.

La condition de la femme s'est sensiblement améliorée. Autrefois recluse, réduite au rôle de servante et d'objet, voire vendue comme esclave, elle fut placée à égalité avec les hommes dans tous les domaines de la vie économique, publique, culturelle, sociale et politique: libérée de toute restriction vestimentaire, elle fut autorisée et encouragée à fréquenter les établissements d'enseignement, à travailler dans les entreprises industrielles, elle est devenue électrice et éligible. L'émancipation culturelle de la femme était «certainement une des plus étonnantes réussites du régime soviétique» [22], celle dont il était très fier. La législation soviétique a proscrit la polygamie, punie de peines allant jusqu'à 10 ans de prison, et les autorités déclenchèrent une campagne persuasive contre le port du voile (la *parandja*) ainsi que contre le servage et la claustration; elles allaient combattre les coutumes rétrogrades selon lesquelles les parents pouvaient marier leurs filles de douze ou treize ans avec des garçons qu'elles n'avaient jamais vus moyennant l'octroi d'une dot, ce qui équivalait pratiquement à une vente. Bien entendu, la mentalité et le comportement des gens ne changent pas au gré des décrets pris au sommet et la mise en pratique de ces mesures allait prendre beaucoup de temps, surtout dans le milieu rural qui décelait une très forte fécondité féminine - la plus importante en URSS - ce qui avait pour effet que les paysannes restaient confinées dans leur traditionnel cadre familial.

Il avait été prétendu que cette persistance des coutumes traditionnelles n'était pas «fonction de la survivance du sentiment religieux, mais bien du sentiment *national* des Turkestanais et de leur désir de se différencier des Russes» [23], mais cela fut contesté. Se «différencier» des Russes en pratiquant la polygamie, en reléguant la femme dans un harem et en lui refusant une place dans la société? Ce n'est pas cela un bon «sentiment national». Certes, toute la civilisation de l'Asie centrale est restée imprégnée depuis des siècles par l'Islam qui n'est pas seulement une croyance religieuse mais aussi un mode

---

[22] Hélène Carrère d'Encausse, La femme musulmane en U.R.S.S., dans Esprit, juillet-août 1957, p. 57. Cfr. l'ouvrage de R. Aminova sur la libération de la femme en Ouzbékistan édité en 1972 à Moscou aux Editions Naouka.

[23] H. Carrère d'Encausse, op.cité, p. 53.

de vie, mais il n'en est pas moins vrai que dans les milieux évolués de l'intelligentsia ouzbèke l'on cherchait sincèrement à briser les moeurs rétrogrades du passé pour créer un devenir national sur des bases sociales autrement plus saines que celles d'autrefois. Dans ce combat contre les survivances féodales du passé, la presse allait jouer un grand rôle en dénonçant les pratiques désuètes et en plaidant pour la modernisation de la société ouzbèke.

La marche vers la modernisation fut dans une large mesure une affaire d'éducation et d'enseignement. Alors que le régime tsariste avait maintenu les populations centre-asiatiques dans l'ignorance, dès septembre 1920 fut fondée à Tashkent une université d'Etat et la scolarisation fit de rapides progrès: après avoir établi une instruction de sept ans dans les écoles, la république ouzbèke s'alignait progressivement sur le système qui sera adopté en URSS, soit une durée minimum de scolarité de neuf, voire de dix ans. [24] La création d'un réseau d'écoles eut un résultat bénéfique pour éliminer progressivement l'illettrisme, mais ce n'est que vers 1939 que le fléau de l'analphabétisme fut réduit de moitié: sur 1.000 habitants, il y en avait alors 39 avec une formation secondaire et 3 avec une formation supérieure. Bien entendu, ce processus d'élévation intellectuelle n'allait pas sans peine. Le gouvernement ayant introduit le cyrillique à la place de l'arabe et du persan, il est apparu que les manuels de langue russe, assez formalistes, n'étaient pas toujours appropriés à la mentalité asiatique. Parmi les professeurs du russe, beaucoup n'avaient qu'une connaissance très sommaire de l'ouzbek, la langue maternelle des enfants, alors que le nombre de professeurs autochtones capables d'enseigner la langue russe dans les écoles est resté insignifiant...

---

[24] W.K. Medlin, F. Carpenter W.M. Cave, Education and Development in Central Asia: A Case Study on Social Change in Uzbekistan. Leiden, Brill, 1971.

L'abandon dans les années 20 de l'arabe et la généralisation de l'alphabet cyrillique réduisit sensiblement les possibilités d'étudier et de se référer à l'héritage culturel de l'histoire centre-asiatique, et coupa des contacts avec la civilisation ouest-européenne en poussant les jeunes intellectuels ouzbeks vers le monde culturel russe. Néanmoins, la population ouzbèke s'est montrée favorablement disposée à l'encontre de la culture russe qui pénétrait maintenant le pays en profondeur et qui commençait à imprégner les élites du pays: les lettres russes, le théâtre, le ballet, la musique étaient à la mode et les noms ouzbeks furent volontiers russifiés. Ultérieurement, les politologues russes souligneront, non sans fierté, que c'est justement dans les pays d'Asie centrale, plus qu'ailleurs, que les valeurs culturelles russes ont connu leur expansion et leur affirmation [25], mais il faut noter que cette adhésion constituait pour les Ouzbeks pratiquement la seule voie pour accéder à des postes de haut niveau, et par ailleurs ces emprunts extérieurs n'ont nullement entamé les valeurs culturelles et l'identité nationale ouzbèke qui restèrent intactes: les Ouzbeks ne se sont pas russifiés. On en était bien conscient à Moscou. Dans son rapport au XVIe congrès du Parti, présenté le 27 juin 1930, Staline soulignera que «des nations telles que les Turkmènes, les Kirghizs, les Ouzbeks, les Tadjiks (sans parler des Géorgiens, des Arméniens, des Azerbaïdjanais et autres), bien qu'arriérées, non seulement ne se sont pas russifiées à la suite de la victoire du socialisme en URSS, mais au contraire ont ressuscité et se sont développées en nations indépendantes». [26] En fait, ces peuples sont restés eux-mêmes parce qu'ils étaient profondément différents: ils se sont ouverts à une civilisation de l'universel, sans abandonner leur âme.

---

[25] П. Савицкий, Континент Евразия (P. Savitsky, Continent Eurasie). Moscou, Agraf, 1997, p. 295.

[26] J. Staline, Le Marxisme et la question nationale et coloniale, op. cité, p. 334.

Ceci étant, le processus de soviétisation s'est poursuivi sans relâche. Fondé en novembre 1924, et dirigé par les apparatchiks russes, le journal *Pravda Vostoka* - organe du Comité Central du Parti communiste, du Soviet Suprême et du Conseil des ministres d'Ouzbékistan - allait jouer un grand rôle dans la soviétisation du pays, voire de l'ensemble de la région d'Asie centrale. De 1924 à 1934, la *Pravda Vostoka* était l'organe officiel du Bureau asiatique du Comité Central du P.C. de l'URSS, soit une fidèle réplique de la *Pravda* de Moscou pour les républiques d'Asie centrale, avec cette particularité que plus encore que cette dernière, elle était moins un journal d'information que de propagande et de doctrine communiste. Son influence en dehors de l'Ouzbékistan s'est quelque peu atténuée avec le développement de la presse gouvernementale dans d'autres républiques de l'URSS, plus spécialement consécutivement à la fondation en 1929 du journal *Sovetskyi Tadjikstan*, qui a pris en juin 1932, le nom de *Kommunist Tadjikstana*.

L'action des Rouges en Ouzbékistan pouvait-elle être qualifiée de colonialiste? Il faut distinguer. Il est certain que pour beaucoup d'apparatchiks moscovites ce pays était considéré comme un pendant de l'économie de l'URSS, son pourvoyeur de coton et de matières premières, et un débouché commercial pour les industries russe, ukrainienne, etc.: la planification soviétique allait tenir compte de ces considérations. Mais il est également indiscutable que le nouveau pouvoir allait introduire dans cette région reculée la modernité et s'appuyant sur de nouvelles technologies, procéda à l'électrification du pays, y engagea la construction d'usines et d'un réseau de communications ainsi que la mécanisation de son agriculture, et allait exploiter les richesses de son sous-sol, de telle sorte que, peu à peu, toutes ces mesures et cette assistance technique faisaient sortir l'aride Ouzbékistan de son état de sous-développement pour en faire le pays le plus riche de l'Asie centrale. En 1939 fut construit le

Grand canal de Ferghana afin de dériver l'eau de la Naryn et de la Kara-Daria, sources de la Syr-Daria, et la répartir dans la partie méridionale de la région de Ferghana. L'urbanisation était en progrès et la part de la popultion urbaine de l'Ouzbékistan en 1939 était supérieure à celle des autres pays d'Asie centrale, à l'exception du Turkménistan: 23 %, contre 17 % au Tadjikstan, 19 % au Kirghizstan, 33 % au Turkménistan; la ville de Tashkent qui comptait 156.000 habitants en 1897, en avait 320.865 en 1926 et 585.000 en 1939. C'était un élément positif significatif, lorsqu'on songe que sur le plan économique ce pays venait de loin: la plupart des observateurs soulignaient qu'en fait, les progrès matériels et culturels réalisés par les Soviétiques en Ouzbékistan étaient bien plus importants que l'oeuvre accomplie par des Britanniques dans leur Empire colonial, par exemple en Inde.

Ceci dit, il est vrai que cette modernisation et cette ouverture vers le monde extérieur n'avaient pas que des aspects positifs: elles eurent également pour inévitable corollaire l'afflux de cadres et de main-d'oeuvre slave, dont la situation sociale et le niveau de vie étaient supérieurs à ceux des autochtones. Il y avait pendant longtemps à Tashkent pratiquement deux villes distinctes: les Ouzbeks continuaient de vivre dans la vieille ville pleine de poussière, avec des ruelles étroites, sans canaux d'adduction d'eau, sans confort moderne, tandis que les fonctionnaires et les militaires soviétiques habitaient eux dans la ville nouvelle, avec des rues pavées, bénéficiant d'électricité et d'eau courante. Ces décalages provoquaient à la longue un certain mécontentement, créaient des tensions sociales, et il a fallu un certain temps pour les éliminer. C'était là une contrepartie des mesures économiques créatrices positives.

Vu du point de vue politique, le pouvoir décisionnel pour toute mesure d'importance était à Moscou, non à Tashkent, et les organes de sécurité d'Etat étaient entièrement entre les mains des Russes, non des Ouzbeks. Il n'y avait que peu d'officiers ouzbeks dans l'Armée rouge. Certes, le nouveau régime entama un intense travail doctrinal pour former au plus vite des cadres dirigeants locaux sans lesquels on ne pouvait pas opérer une véritable soviétisation du pays, mais cela n'allait pas sans heurts: les nouveaux cadres autochtones étaient loin de correspondre à l'image de marque de véritables communistes et ne satisfaisaient que partiellement aux normes et aux exigences doctrinales marxiste-léninistes. On considérait les dirigeants locaux comme quelque chose d'hybride: ils étaient «musulmans d'abord, ouzbeks ensuite, et après seulement communistes», et certains d'entre eux restaient acquis à un certain idéal panturkiste que les autorités combattaient fermement. A cela s'ajoutaient les discordances - vraies ou prétendues telles - en matière de traitement des minorités nationales: le XIIe Congrès du Parti communiste russe dénonça sans ambages «le chauvinisme ouzbek (à Boukhara et dans le Khorezm) dirigé contre les Turkmènes et les Kirghizs»... [27]

Tout ceci n'est pas tout à fait inexact, et pourtant, aussi modeste que fut la présence des éléments autochtones dans les mécanismes décisionnels de la République, il est tout aussi vrai que peu à peu, ces derniers commencèrent à accéder à des postes dirigeants en s'imposant aux personnages venus de l'extérieur. A la fin des années 20 fut lancé le mot d'ordre de «l'ouzbékistanisation» des organes de l'Etat et de ses cadres: le premier secrétaire du Parti communiste du pays allait être ouzbek, et plusieurs députés ouzbeks siégeaient dans les deux chambres du Soviet Suprême à Moscou: cela n'avait sans doute au début qu'une signification symbolique, mais il y a des

---

[27] КПСС в резолюциях и решениях съездов, конференций и пленумов ЦК (Le PCUS dans les résolutions et décisions des congrès, conférences et plénums du CC). Moscou, Gospolitizdat, 1954, 7ème éd. Vol. I, p. 715.

symboles qui revêtent pour des populations une certaine importance politique. Après tout, il n'y avait à l'époque pas de députés indiens siégeant dans la Chambre des Lords à Londres, pas de députés congolais représentés au Sénat de Belgique, pas de représentants angolais ou mozambicains au Parlement de Lisbonne. Peu d'officiers ouzbeks à la veille et tout au long de la Seconde guerre mondiale? Le Congo accéda à l'indépendance quinze ans plus tard en 1960, alors qu'il n'y avait dans ce pays aucun officier congolais, pas un seul sous-lieutenant...

De nos jours, l'histoire de l'Ouzbékistan présentée par des commentateurs ex-soviétiques décèle beaucoup de pages blanches et doit être repensée: on comprend aujourd'hui mieux le décalage qu'il y avait entre les positions officielles professées par les autorités politiques et leurs souhaits intimes. Le discours officiel ne correspondait pas toujours aux situations de fait, loin de là. Tout en adhérant au Parti communiste et tout en s'attelant à l'édification de nouvelles structures socio-politiques du pays, plusieurs dirigeants ouzbeks sont restés avant tout patriotes, porteurs des idéaux de la civilisation turco-musulmane, dévoués corps et âme à la cause de leur peuple qu'ils voulaient servir le mieux possible, quitte à s'écarter de la ligne officielle dictée par Moscou. Il y avait certes chez eux un discours officiel stéréotypé, conforme aux impératifs du programme du Parti, mais on y percevait également, en sourdine, le souci de le conformer le plus possible aux spécificités ouzbèkes et aux intérêts réels de la population. C'était souvent un jeu subtil qui n'était pas sans danger. Quant à ceux qui refusaient de s'y prêter et manifestaient plus ou moins ouvertement leurs sentiments, ils n'avaient aucune chance de s'en sortir.

La sanglante répression stalinienne qui s'est abattue en 1937 sur l'URSS n'épargna pas les intellectuels Ouzbeks dont les idées n'étaient conformes aux postulats du régime: plusieurs d'entre eux allaient connaître les affres des prisons, plusieurs d'entre eux finirent par être liquidés. Le cinéaste et acteur Soulayman Khodjaev est devenu politiquement suspect dès la sortie en 1934 de son film «Avant l'Aube» qui évoquait les tragiques événements de 1916 dont nous avons déjà parlé. Déclaré «anti-soviétique», le film fut retiré des salles de projection et son réalisateur arrêté. Le 20 août 1937 il fut fusillé comme «ennemi du peuple»...

Ce n'était pas un cas isolé: deux éminents hommes de lettres et personnalités Jadid, Abdurauf Fitrat et Abdulhamid Cholpan, qui initialement se sont alignés sur le régime soviétique mais qui ont rapidement pris leurs distances avec le pouvoir en place, ont connu le même sort tragique.[28] Né à Boukhara en 1886, Fitrat étudia à l'Université d'Istanbul et dès son retour dans le pays lança en 1918 un mouvement destiné à développer la langue littéraire ouzbèke. Devenu ministre de l'Education de la République soviétique de Boukhara, il s'éloigna peu à peu des postulats socialistes soviétique en plaidant pour une authenticité linguistique ouzbèke. Arrêté le 23 avril 1937, Fitrat fut accusé de menées nationalistes contre-révolutionnaires et finit par être exécuté le 4 octobre de l'année suivante.

Né à Andijan en 1897, le poète-écrivain Cholpan salua lui-aussi la révolution socialiste en Asie centrale, mais très vite est devenu très critique vis-à-vis du régime des Soviets. Il milita pour le développement d'une identité littéraire ouzbèke et récusa la «réalisme socialiste» prôné par le régime dans les années 30. Arrrêté en 1937 sous prétexte de ses «déviations nationalistes», de son «pan-turquisme» et de ses «activités anti-soviétiques», il fut exécuté le 4 octobre 1938. Comme Fitrat, il fut réhabilité peu après le XXe Congrès du PCUS en 1956, mais c'est seulement à

---

[28] Halim Kara, Reclaiming National Literary Heritage: the Rehabilitation of Abdurauf Fitrat and Abdulhamid Sulaymon Cholpan in Uzbekistan, dans Europe-Asia Studies, 2002, N° 1, pp. 123-142.

la fin des années 80 qu'on entama la publication de ses écrits longtemps prohibés; c'est en 1997 qu'un musée retraçant sa vie et son oeuvre fut érigé à Andijan...

Bien entendu, la répression frappa également des personnalités politiques dont le régime se méfiait. Dans cet ordre d'idées, le cas des deux éminents dirigeants ouzbeks, de l'ex-communiste internationaliste Akmal Ikramov et de l'indépendantiste de Boukhara Faïzoulla Khodjaev, est hautement significatif: après avoir servi de leur mieux leur pays, ils finirent par être arrêtés en 1937, jugés l'année suivante au procès du «Bloc des Droitiers et des Trotskistes», et fusillés sous une fallacieuse inculpation de «haute trahison», de «diversion», de «terrorisme» et d'«espionage» .

En 1920, F. Khodjaev fut placé à la tête du pouvoir suprême de la République populaire de Boukhara, tout en adhérant en même temps - clandestinement - à l'organisation nationaliste *Milli-Ittihad (Union nationale)*, qui s'assignait pour objectif de faire de l'Etat de Boukhara une république démocratique indépendante, «un Etat-tampon» entre l'Angleterre et la Russie soviétique. Il avait été soutenu que les nationalistes de Boukhara «estimaient possible d'accepter le protectorat de l'Angleterre, et à la faveur de ce protectorat, de se détacher définitivement de la Russie des Soviets».[29] Ils préparaient activement des cadres qui devaient occuper des postes de direction dans l'Etat, en envoyant les jeunes non pas dans les écoles soviétiques, mais à l'étranger, principalement en Allemagne et en Turquie. En même temps, ils se sont rapprochés du mouvement des Basmatchis. Lorsqu'en 1923, fut posée la question de l'union économique entre le Turkestan, Bouhkara et

---

[29] Le Procès du «Bloc des Droitiers et des Trotskistes» antisoviétiques. Moscou, Le Commissariat du Peuple de la Justice de l'U.R.S.S., 1938, p. 229.

le Khorezm, Khodjaev ne l'a soutenue que du bout des lèvres, considérant cette mesure «comme le prélude d'un renforcement encore plus accentué de l'influence de la Russie soviétique et de la soviétisation de Boukhara».[30]

En 1925, il a été nommé président du Conseil des Commissaires du peuple de l 'Ouzbékistan qui comptait parmi ses membres des panturkistes et des nationalistes comme Khidyr Aliev, Khodjibrev ou Kourkounov. Il resta méfiant vis-à-vis des grandes réformes politiques et économiques préconisées par Moscou, et a trouvé un allié en la personne d'Ikramov, un des dirigeants du Parti communiste d'Ouzbékistan. Néanmoins, cette collaboration ne fut pas sans failles: tout en collaborant, les deux dirigeants se combattaient mutuellement, notamment dans les années 1925-1927. A partir de 1928, Khodjaev s'est rapproché des milieux nationalistes de l'ancienne république du Turkestan Son objectif était de réaliser l'indépendance de la République d'Ouzbékistan. Comme Boukharine, Rykov ou une série d'autres prévenus, il fut condamné à mort en 1938 lors du procès du «Bloc des Droitiers et des Trotskistes» antisoviétiques.

Tout en s'engageant dans le mouvement communiste, le jeune Ikramov continuait à s'interroger sur sa voie politique, et en 1918-19 il adhéra à l'organisation pan-turque *Ittihad-Vyherty* qui, dirigée par Turar Ryskoulov, rappelait le parti des Jeunes Turcs «Union et progrès».[31] En mars 1923, il est devenu

---

[30] Ibid., p. 230.

[31] Bien que combattant les Basmatchis, Ryskoulov professait un certain idéal panislamiste et plaidait pour la transformation du Parti communiste du Turkestan en «P.C. turc» qui dirigerait les destinées d'une «république turque» comprenant tous les peuples turcophones d'Asie centrale. Ce programme fut catégoriquement rejeté par Lénine comme contraire à la ligne internationaliste du Parti et finalement Ryskoulov s'inclina et fit son autocritique. En 1923-1924, Ryskoulov est devenu président du P. C. du Turkestan et fut élu membre du Bureau pour l'Asie

secrétaire du CC du PC de l'Ouzbékistan, ainsi que secrétaire du Bureau central pour l'Asie du CC du PCUS. En 1929, il est devenu le premier secrétaire du Parti. Ultérieurement, il fut élu membre du Comité Central du PC de l'Union soviétique. Ikramov a joué un grand rôle dans la restructuration de l'agriculture ouzbèke et de ses systèmes d'irrigation, dans sa collectivisation et dans l'industrialisation du pays, ainsi que dans les problèmes ayant trait à l'éducation et à la jeunesse. A partir de 1928, il s'est rapproché des milieux nationalistes de l'ancienne république du Turkestan. Ayant protesté contre la répression qui s'est abattue sur le Parti, il fut arrêté en 1937 sur ordre de Staline et exécuté un an après.

Ces deux dirigeants ont marqué de leur empreinte les grandes réformes préconisées par le Parti communiste, qu'ils se sont efforcés d'adapter aux spécificités ouzbèkes. En effet, certaines de ces mesures, notamment l'imposition forcée de la collectivisation des terres qui ne se justifiait guère par des conditions prévalant dans le pays et pour laquelle l'Ouzbékistan ne disposait d'aucune base théorique, suscitaient un vif mécontentement des paysans qui souhaitaient garder un lopin de terre, à telle enseigne que dans certaines régions du pays ont éclaté des mouvements de masse contre les kolkhozes que les gens assimilaient à l'ancien régime de corvées. Les mêmes critiques étaient émises à l'encontre des décisions visant à ensemencer toutes les superficies cultivables en coton: dans le Ferghana ou à Boukhara qui étaient à l'époque les principales zones cotonnières de l'URSS, la culture cotonnière atteignait 96 à 98 % de l'ensemble des terres cultivables. Une exploitation qui disposait, disons, de dix hectares de terre était forcée de consacrer 8 à 9 hectares à la culture du coton et du coup, le bétail est resté sans fourrage et les gens n'avaient plus la

---

centrale. Victime en 1937 de l'arbitraire stalinien, il fut réhabilité après la mort du dictateur.

possibilité de planter les céréales ou les légumes. D'autres incohérences se sont produites lorsque le Parti engagea le programme de la sédentarisation accélérée des populations nomades: lorsqu'on confisquait au nomade-berger ses moutons qui étaient son unique moyen d'existence, il s'installait dans la famine. Enfin, les premières tentatives de réformer les systèmes d'irrigation ont été entamées sans qu'il y ait un véritable programme couvrant l'ensemble de l'économie ouzbèke: il faut dire que si les cultivateurs ouzbeks sont passés maîtres en cette matière, pour les Russes, l'irrigation était une véritable innovation.

Après l'éviction d'Ikramov et de Khodjaev, le Parti allait être dirigé par Ousman Youssoupov et ensuite par Amin Niazov, deux représentants d'une nouvelle génération communiste ouzbèke, plus fidèle et plus obéissante à Moscou. C'est également dans ces années que furent engagés d' ambitieux programmes d'irrigation et de construction de canaux, poursuivis tout au long de la guerre et après celle-ci.

d) L'épreuve de la Seconde guerre mondiale

La Seconde guerre mondiale fut une lourde épreuve pour les populations d'Ouzbékistan qui, dès les premiers mois de l'agression nazie, se sont rangées aux exhortations des mollahs appelant les musulmans à combattre les envahisseurs allemands. Sur une population de 6 millions et demi d'habitants, 1.433.230 de jeunes Ouzbeks ont été enrôlés dans l'Armée ou ont rejoint ultérieurement les détachements de partisans, soit 22 % de la population: 263.005 d'entre eux sont tombés sur les champs de bataille, 132.670 ont été portés disparus laissant au pays des veuves et des orphelins matériellement démunis, alors que d'autres, ils étaient 60.452, sont rentrés dans le pays leur corps couvert de blessures. Les soldats ouzbeks ont participé à la bataille de Moscou en décembre 1941, et ceux du 4e Corps de cavalerie - composé presque entièrement de cavaliers des républiques d'Asie centrale - ont participé à l'offensive du Front de Stalingrad engagée le 20 novembre 1942. [32] Quelque 120.000 ressortissants ouzbeks ont été décorés pour leur courage face à l'ennemi; sur 11.603 soldats et officiers de l'Armée qui se sont distingués comme Héros de l'Union soviétique, il y avait 270 Ouzbeks [33], entrés dans l'histoire comme des exemples de hauts faits militaires: Ousmanov, Irgatchev, Babaïev, des officiers supérieurs Rakhimov, Ouzakov, Narkhodjaïev. Sabir Rakhimov qui commandait en 1941 un régiment, fut promu en novembre 1942 colonel; placé ensuite à la tête de la 395e division d'infanterie, il fut promu en mars 1943 général-major: il était le premier Ouzbek à accéder à ce grade. Kaganovitch dit que c'était un homme ayant «une très bonne formation militaire, brave, combatif et très capable». [34] Rakhimov est tombé le 26 mars 1945 lors de l'assaut sur Dantzig.

L'économie du pays fut mobilisée pour répondre aux besoins du front. Des mesures ont été prises pour accroître l'extraction du pétrole et du charbon, les superficies ensemencées en céréales d'automne ont été augmentées, 280 usines d'armement ou unités industrielles métallurgiques et chimiques ont vu le jour. En même temps, plus d'une centaine d'usines

---

[32] V. Tchouikov, Stalingrad: la bataille du siècle. Moscou, Ed. du Progrès, 1979, p. 339. A. M. Самсонов, Сталинградская битва (A.M.Samsonov, La bataille de Stalingrad). Moscou, Naouka, 3e éd., 1982, p. 384, p. 406.

[33] Великая Отечественная Война Советского Союза 1941-1945 (La Grande Guerre Nationale de l'Union soviétique 1941-1945). Moscou, Ministère de la Défense de l'URSS, 2e éd., 1970, p. 581.

[34] Лазарь М. Каганович, Памятные записки (Lazar M. Kaganovitch, Aide-Mémoires), op. cité, p. 474. Au cours de la guerre, Kaganovitch fut député du peuple d'Ouzbékistan au Conseil Suprême de l'URSS.

furent transférées de Russie et d'Ukraine en Ouzbékistan pour ne pas tomber aux mains des Allemands. Parmi elles, il y avait notamment l'usine aéronautique Tchkalov de Moscou, le combinat textile de Léningrad, le combinat chimique de Stalingrad, les entreprises Podjemnik, Rostelmash, Krasnyj Aksay, et beaucoup d'autres qui allaient renforcer fortement le potentiel industriel du pays. De 1941 à 1945, l'industrie ouzbèke a fourni à l'Armée 2.090 avions, 17.324 moteurs d'avions, 16.000 mortiers, plus d'une centaine de millions d'explosifs et de munitions.[35]

Tout au long de la guerre, l'Ouzbékistan a acccueilli plus d'un million de personnes qui avaient été évacuées pour des raisons militaires et économiques de l'Ukraine, de Biélorussie, de Moldavie, de Russie et des pays baltes. Plus de 100.000 blessés ont été accueillis dans les hôpitaux ouzbeks. Devant l'avance des armées allemandes, quelque 200.000 enfants et orphélins russes, parmi lesquels ceux de Léningrad, allaient être cordialement accueillis dans les familles ouzbèkes. Ces tristes années seront ultérieurement chantées avec beaucoup d'émotion par la poétesse russe Anna Akhmatova, et surtout par le grand poète ouzbek G. Goulamov: «T'es orphélin, mon chéri? Mais non, sois assuré que tu es chez toi, que je veille sur toi. Dors sans souci, partie de mon âme...».[36] Un film, «Tu n'est pas orphélin», fut réalisé ultérieurement sur ces années de peine.

Il y avait aussi l'arrivée en novembre 1944 des Meshkets géorgiens, accusés par les autorités soviétiques d'être

---

[35] Енвер Арифов, Тогда, в тылу... (Enver Arifov, Alors, à l'arrière...), dans Pravda Vostoka (Tashkent), 9 mai 2002. Александр Голованов, Память вечна (Alexandre Golovanov, Mémoire éternelle), dans Narodnoe Slovo (Tashkent), 16 mai 2002.

[36] «Раздве ты сирота? Успокойся родной! Здесь ты дома, здесь я стерегу твой покой. Спи, кусочок души моей».

déloyaux envers le régime: ils ont été déplacés notamment dans la région de Ferghana et dans les Steppes de la Faim entre le Kazakhstan et l'Ouzbékistan.[37] C'est également en 1944 qu'ont été déportés en Ouzbékistan des milliers de Tatars de la Crimée, y compris les femmes, les enfants et les viellards, sous le prétexte de leur attitude favorable à l'Allemagne et d'actes hostiles perpétrés contre l'Etat par quelques individus isolés ou des groupes d'individus.

Après de longues années d'humiliation subie par les croyants islamiques depuis l'établissement du régime communiste en Asie centrale, est-ce en récompense de l'attitude très coopérative des populations musulmanes dans l'effort de la grande guerre que le Pouvoir soviétique allait atténuer quelque peu sa politique vis-à-vis de l'Islam (comme il l'a fait également à l'égard de l'Eglise orthodoxe), en autorisant en 1943 la constitution de quatre Directions spirituelles islamiques: à Tashkent (couvrant quatre républiques d'Asie centrale et Kazakhstan), à Bakou (Azerbaïdjan), à Bouïnaksk (Daghestan) et à Ufa (Bashkirie). C'est sous l'égide de ces organismes qu'il se proposait d'administrer les institutions islamiques, en fait de réaliser en quelque sorte la «sécularisation de l'Islam» en Union soviétique, tâche éminemment complexe étant donné que malgré toutes les contraintes du régime, l'Islam est resté la force spirituelle principale qui empêchait la soviétisation intégrale des populations centre-asiatiques, demeurées fidèles à leurs croyances et à leurs traditions.

x x x x

---

[37] L'arrivée de ces «Turcs meshkets», qui étaient en grande majorité des musulmans chiites, allait causer ultérieurement, hélas, de graves frictions avec les populations locales musulmanes sunnites...

La remarquable participation de la population ouzbèke à l'effort de guerre n'a pas exclu hélas une certaine collaboration de certains de ses ressortissants - certes très minoritaire - avec l'agresseur allemand. Il est à noter que la plupart des peuples envahis par l'Allemagne nazie ont connu ce phénomène, à l'exception de la Pologne, qui elle, n'a pas engendré des Quislings.

L'agression allemande du 22 juin 1941, rappelons le, fut soudaine et très puissante: rapidement, la Wehrmacht allait faire des centaines de milliers de prisonniers soviétiques: à la fin de la guerre, ils seront au total 5,7 millions, dont 3,3 millions moururent de faim et de mauvais traitements.[38] Quelques 75.000 à 100.000 de ces soldats de l'Armée rouge, ressortissants de l'Asie centrale - du «Turkestan» - allaient être enrôlés dans six bataillons d'infanterie «turkestanais» afin de combattre les Soviétiques: ils ont notamment pris part aux combats dans le Caucase. Cette collaboration a connu des hauts et des bas: en fait, les Allemands se méfiaient de leurs nouveaux «alliés», qui étaient loin d'être sûrs. Il y avait plusieurs défections, suivies par la dissolution de certaines unités turkistanaises.

Il n'empêche que cette participation militaire a reçu son complément politique. Dès 1941 fut formé en Allemagne le *Nationalturkestanisches Einheitskomitee (NTEK) - Millî Türkistân Birligi Komitasi* qui, composé presque exclusivement des représentants de ces combattants, anciens soldats de l'Armée rouge, s'assigna pour mission de constituer sur les décombres de l'URSS un «Etat du Turkestan». Le NTEK fut initialement dirigé par l'ancien président du gouvernement provisoire du

---

[38] Le Livre Noir du Communisme. Publié sous la direction de Charles Ronsac. Paris, Robert Laffont, 1997, p. 351.

Kokand Mustafa Chokaev [39], et après son décès en décembre 41, par l'ouzbek Veli Kajum Khan; il avait pour secrétaire un autre ouzbek le Dr. Karimi, remplacé ultérieurement par le kazakh Kanatbay. Parmi d'autres personnalités ouzbèkes de ce Comité il y avait notamment MM. Osman, Normamad et Achemedjan, le Dr. Salimi, le capitaine Hayit et le lieutenant Chakim. D'autres membres du Comité étaient des ressortissants kazakhs, tadjiks, kirghizs et «turkistanais». Bénéficiant de l'appui de *l'Ostministerium* allemand, [40] le NTEK allait éditer le journal *Millij Turkistan* (*Le Turkistan National*). En juin 1944, il a réuni à Vienne un *Congrès National Turkistanais*, auquel ont participé 573 représentants des unités militaires et des travailleurs civils turkistanais.

Le gouvernement du 3e Reich reconnaissait le 18 mars 1945 «l'indépendance du Turkestan» et le 24 mars il reconnaissait le NTEK comme «le gouvernement national provisoire du Turkestan». Quant à quelques maigres formations militaires centre-asiatiques apparentées à la Wehrmacht ou aux Waffen SS, dont on se méfiait, elles étaient transformées en une «Armée nationale du Turkestan»...

Peu après, l'Allemagne capitulait et l'édifice du NTEK, miné par des heurts entre ses membres, notamment des ouzbeks et des kazakhs, s'écroulait. Interceptés par les Soviétiques, leurs dirigeants étaient arrêtés, tandis que les anciens soldats de l'Armée rouge qui ont combattu aux côtés des Allemands étaient condamnés à passer de longues années dans

---

[39] Yash Turkistan: pamiati Mustafa Chokai-Beia (A la mémoire de Mustafa Chokai-Bei). Paris, 1949. Мустафа Шокаев, Воспоминания (Mustafa Chokaev, Mémoires), dans Türkeli (Munich), 1951, N° 4, pp. 17-26.

[40] Johannes Benzing, Turkestan. Berlin, Bücherei des Ostraumes, 1943.

des camps de travail. Avec quelques autres de ses collaborateurs, Veli Kajum-Khan échappa aux justiciers soviétiques: établi en Allemagne occidentale, il continua ses activités politiques en se disant chef du gouvernement du Turkestan en exil. [41] Mais il est resté parfaitement inconnu dans son pays, «he remained an isolated émigré politician. Soviet Central Asia knew neither him nor the Germans». [42] Il est mort en 1993 à l'âge de 89 ans.

e) Les années de l'après-guerre. Le XXe Congrès du PCUS (1956) et ses répercussions en Ouzbékistan

Les nouveaux défis allaient se présenter dans les années de l'après-guèrre. Le processus d'industrialisation s'est poursuivi: au cours du quinquennat 1946-1950 fut achevée la construction de l'usine sidérurgique de Bégovat et la puissance des centrales électriques, notamment celle de Farkhad sur le Syr-Daria, fut accrue. On a mis en place des usines de constructions mécaniques spécialisées dans la fabrication d'outillages pour l'agriculture ainsi que pour les industries alimentaire, textile, et chimique. Le transfert en Ouzbékistan pendant la guerre de nombreuses industries permettait maintenant d'apporter une aide substantielle aux régions dévastées de la Russie, de l'Ukraine et de la Biélorussie par l'envoi d'une quantité importante d'équipements industriels dont elles avaient un grand besoin.

L'afflux des cadres techniques russophones au cours de la guerre ayant pour inévitable résultat de ralentir quelque peu

---

[41] Baymirza Hayit, Some problems of modern Turkestan history. Düsseldorf, 1963. V. Карков, Портрет предателя без ретуши (Portrait d'un traître, sans retouches), dans Izvestia, 29 septembre 1968.

[42] Alexander Dallin, German Rule in Russia 1941-1945. London, Macmillan, 1957, p. 275.

le processus de l'«ouzbékistanisation» et d'accroître l'influence des éléments slaves dans la société - sans oublier que la conduite de la guerre a exigé impérativement le renforcement du centralisme décisionnel de Moscou - dès la cessation des hostilités, on est de nouveau reparti vers une certaine «naturalisation» de la société, vers sa «korénizatzya», en favorisant l'entrée des jeunes éléments ouzbeks dans les rouages du Parti communiste. En 1952, le PC ouzbek allait compter 142.000 membres répartis entre 8.000 cellules locales; pourtant, pouvait-on penser que tous ces gens étaient de vrais communistes, purs et durs?

C'était loin d'être certain. Intervenant au XIXe Congrès du PCUS, le 14 octobre 1952, A. Alimov a déclaré que les instances du Parti avaient commis de regrettables erreurs et des inconséquences dans l'admission de ses membres. Si le Parti s'est considérablement élargi quantitativement, il a en revanche beaucoup perdu en qualité: des gens adhéraient au Parti non pas par conviction communiste, mais pour des raisons d'opportunité: la carte du Parti permettant de faire carrière. Les nouveaux adhérents étaient peu disciplinés et adoptaient une attitude passive au sein des rouages de l'organisation. Alimov assura que des mesures énergiques seront prises pour mettre un terme à cette situation. [43]

On notait en plus l'éveil d'un certain nationalisme. Dans son rapport au XIe Congrès du Parti communiste ouzbek, A.I. Niyazov dénonça violemment les survivances nationalistes en Ouzbékistan, et a promis de les combattre sans merci. Intervenant au XIXe Congrès du PCUS (octobre 1952) - le premier qui s'est tenu depuis mars 1939 - le N° 1 du P.C. ouzbek a réitéré ces accusations, en révélant que le Parti venait de constater dans les écrits de certains publicistes et

---

[43] La Pravda, 14 octobre 1952.

universitaires ouzbeks l'existence d'une série de distorsions idéologiques et de manifestations d'un «nationalisme bourgeois». «Les survivances nationalistes, a-t-il affirmé, se reflètent dans l'idéalisation du passé féodal du peuple ouzbek, dans la dissimulation des contradictions de classe qui existaient en Ouzbékistan prérévolutionnaire, dans le désir de négliger ou de sous-estimer le grand rôle du peuple russe et de sa culture dans l'histoire des Ouzbeks et d'autres peuples de l'Union soviétique, ainsi que dans la tentative d'affaiblir à tout prix l'amitié inviolable des peuples de notre pays». Il a assuré que le Parti communiste ouzbek «continuera de combattre sans merci toute manifestation du nationalisme bourgeois, dévoilera l'essence réactionnaire du pan-Islamisme et du pan-Turkisme, accroîtra sa vigilance politique, et éduquera ses membres et les travailleurs dans un esprit de l'internationalisme prolétarien et de l'amitié des peuples».[44]

Malgré toutes ces déclarations rassurantes témoignant de sa fidelité aux thèses du Parti en matière de la politique des nationalités, Niyazov fut démis de son poste et retrogradé en décembre 1955, peu après l'arrivée au pouvoir de Nikita Khrouchtchev. Il fut remplacé par Nouritdine Moukhitdinov qui fut président du Conseil des ministres sous Niyazov. Pour sa part, la vice-présidente du Conseil, Yadgar Nasriddinova, allait être élue, au XXe Congrès du Parti en 1956, membre du Comité Central du PCUS: pour la première fois, une ressortissante d'Asie centrale s'est vue accordée une telle promotion. En 1959, elle succédera à Sh. Rashidov comme présidente du Soviet Suprême d'Ouzbékistan.

La mort de Staline en 1953 et la dénonciation par Khrouchtchev au XXe Congrès du Parti de ses crimes et de son culte de la personnalité ont fait des vagues dans les républiques

[44] La Pravda, 9 octobre 1952.

centre-asiatiques: les temps ont changé. Nommé par Khrouchtchev, Premier Secrétaire du Comité central du Parti communiste ouzbèk, N. Moukhitdinov assista en février 1956 au XXe Congrès et il connut sa véritable consécration politique en devenant membre du tout-puissant Politburo du PCUS. Il a présenté en octobre 1956 aux élites de son pays son rapport sur les «décisions historiques du XXe Congrès du Parti communiste de l'URSS et les objectifs de l'intelligentsia d'Ouzbékistan» qui représentaient une tentative adroite, mais aussi contradictoire, «de concilier la *déstalinisation* - telle qu'elle était comprise dans les Républiques non russes de l'Union - c'est-à-dire comme une *dérussification* - et la nécessité de resserrer l' «amitié des peuples russe et ouzbek», de manière à préserver l'hégémonie du peuple russe et sa place de *leader* dans la famille des peuples soviétiques, tout en donnant une satisfaction aux revendications nationalistes des allogènes par la réhabilitation de certains de leurs représentants épurés par Staline pour «déviation nationaliste». [45]

Moukhitdinov s'empressa à glorifier le peuple russe qui, selon lui, constituait «la force qui cimente, sous la direction du P.C., l'amitié des peuples soviétiques, et resserre ceux-ci sous l'étendard de l'internationalisme prolétarien». L'annexion de l'Asie centrale à la Russie au XIXe siècle constituait un tournant décisif dans la vie de ses peuples, donc également du peuple ouzbek. Entrés en contact avec la classe ouvrière de Russie, les peuples d'Asie centrale y voyaient, dit-il, «la force qui était intéressée à la liquidation du joug social et national, le guide et l'allié contre l'ennemi commun - le tsarisme, le capitalisme russe et les exploiteurs locaux».

---

[45] URSS, dans La Documentation française, N° 174, 31 janvier 1957.

Néanmoins, l'homme politique ouzbek n'a pas manqué de souligner que certains mouvements de résistance nationale à la Russie tsariste - comme la révolte des tribus kazakhes et kirghizes en 1916 ou la «guerre sainte» des montagnards du Daghestan contre l'armée russe - étaient eux-aussi «progressistes». C'était là une certaine déviation par rapport aux thèses officielles prônées jusqu'à présent par le Parti communiste de l'Union soviétique.

D'autre part, Moukhitdinov a rappelé le sort tragique échu aux dirigeants ouzbeks qui, à l'instar d'Ikramov, ont été calomniés sous Staline pour leurs déviations indépendantistes, surtout lors de l'infâme procès en 1938 du «Bloc des Droitiers et des Trotskistes antisoviétiques». Comme déjà noté, Ikramov fut ensuite entièrement réhabilité. Tout cela eut pour conséquence une certaine libéralisation de la vie sociétaire ouzbèke: des gens ont commencé à émettre leurs opinions plus librement. Mais cela ne se fit que très progressivement: plusieurs apparatchiks du régime restèrent acquis aux idéaux du marxisme-léninisme et gardèrent la fidélité vis-à-vis de leurs maîtres de Moscou.

Après tout, on était dans la guerre froide. La vague d'anti-colonialisme qui ébranla le monde dans les années 50 et la Conférence afro-asiatique de Bandoeng (avril 1955) qui en fut une importante manifestation, ont trouvé un large appui politique de l'Union soviétique. Engagés dans une guerre froide sans merci contre les Occidentaux, les Soviétiques ont pleinement saisi la portée historique de ce mouvement en essayant de l'utiliser pour affaiblir les positions de leurs rivaux occidentaux, tout en prenant en même temps des précautions pour éviter qu'on puisse leur reprocher de pratiquer eux-aussi le colonialisme, notamment dans les contrées périphériques de l'Empire, dans les pays du Caucase ou de l'Asie centrale. Le rôle de ces derniers dans les relations extérieures de l'URSS s'est accru considérablement. En août 1955, le président du Présidium du Soviet Suprême d'Ouzbékistan, Sharaf Rashidov, annonça fièrement que depuis 1954, la république ouzbèke avait été visitée par les délégations de 36 pays, dont 27 d'Asie et d'Afrique, et un an plus tard, il renchérit en disant que le nombre de ces délégations s'élevait à plus d'une centaine.

D'autres changements - partiels - sont intervenus dans la représentation diplomatique de l'Ouzbékistan à l'étranger. Rappelons que la réforme constitutionnelle intervenue en URSS le 1er février 1944 autorisa les républiques fédérées «à entrer en relations directes avec les Etats étrangers et conclure avec eux des représentations diplomatiques et consulaires» (Art. 18a modifié), étant entendu que c'est l'Etat fédéral qui établissait «une procédure de caractère général pour les relations entre les républiques fédérées et les Etats étrangers» (Art. 14a modifié). Ces dispositions sont restées largement théoriques: seules l'Ukraine et la Biélorussie sont devenues membres de l'ONU consécutivement aux décisions de la conférence de Yalta, alors que d'autres républiques fédérées devaient se contenter d'être occasionnellement représentées au sein de délégations de l'Union soviétique, sans plus. Or, après la mort de Staline, les choses allaient évoluer: «in accordance with the policy of granting greater prominence to the most vigourous of Moscow's Central Asiatic Republics»[46], l'Ouzbékistan aura désormais une place en quelque sorte officielle dans des représentations soviétiques aux Nations Unies. D'autres modifications diplomatiques avaient eu lieu en dehors de l'ONU.

Aussi, lorsque en décembre 1957 s'est réunie la Conférence du Caire de 52 pays se prévalant de l'esprit de Bandoeng, le fidèle N. Moukhitdinov fut promu le 19 de ce mois par Nikita Khrouchtchev secrétaire du Comité Central du PCUS

---

[46] Vernon V. Aspaturian, The Union Republics in Soviet Diplomacy. Genève, Libr. Droz - Paris, Libr. Minard, 1960, pp. 199-200.

et membre du Politburo (en remplacement du maréchal Joukov, traité par Khrouchtchev de «bonapartiste»); c'est bien pour la première fois qu'un ressortissant d'un pays d'Asie centrale accédait à de si hautes fonctions. Il abandonnait donc son poste de premier secrétaire du PC ouzbek et quittait l'Ouzbékistan pour Moscou, où il allait également exercer les fonctions de président de la Commission des Affaires étrangères du Conseil des Nationalités. Il était appelé à jouer désormais un rôle important dans les rouages du Pouvoir central, voire dans la définition de sa politique extérieure: il dirigera plusieurs missions du Parti ou du Gouvernement dans les pays afro-asiatiques, s'est rendu deux fois en Chine, est allé en Egypte, en Indonésie, au Libéria, et au Vietnam, accompagnera Khrouchtchev dans sa visite en Albanie. Ce sera à lui - à un Asiatique - de dénoncer le «colonialisme des puissances occidentales en Asie et en Afrique». Peu après, les Soviétiques réunissaient à Tashkent une conférence internationale qui se proposait de continuer l'oeuvre entreprise à Bandoeng et au Caire.

Dans son discours au XXIe Congrès du PCUS qui s'est tenu en janvier-février 1959, l'homme d'Etat ouzbek fit l'éloge appuyé du peuple russe, de la direction du Parti et du N° 1 du régime Nikita Khrouchtchev, en louant notamment sa politique des nationalités. Il souligna le rôle essentiellement constructif de la langue russe dans les relations inter-ethniques et assura que tous les peuples de l'URSS avaient énormément de respect et d'amour pour cette langue. Il dénonça les vestiges du nationalisme ouzbek, qui se manifestaient surtout parmi les jeunes et parmi les intellectuels, en soulignant que «la lutte contre les survivances du passé, notamment de caracrère nationaliste, doit être poursuivie constamment et inlassablement».[47]

---

[47] La Pravda, 31 janvier 1959.

Il s'est livré ensuite à un violent requisitoire anti-américain et anti-colonialiste, dénonçant «l'impérialisme américain» et sa politique d'alliances militaires avec l'Iran, la Turquie et le Pakistan, ses autres critiques n'épargnant la politique d'outre-mer ni de la Grande-Bretagne, ni de la France, sans oublier le colonialisme de la Belgique, des Pays-Bas ou du Portugal. La politique soviétique lui a paru en revanche en tout point exemplaire, digne des thèses léninistes préconisant «la rupture complète avec la politique barbare de la civilisation bourgeoise». Et de terminer en s'exclamant: «Gloire à notre Parti communiste, grand créateur de l'indissoluble amitié et de la fraternité des peuples!» Le Congrès applaudit bruyamment et frénétiquement.

Moukhitdinov se fit également remarquer au XXIIe Congrès du PCUS (octobre 1961), au cours duquel cet inconditionnel de Khrouchtchev, grand admirateur du peuple russe («premier parmi les égaux») et adversaire irréductible «de toutes formes du nationalisme et du chauvinisme», s'attaqua cette fois violemment aux «activités anti-Parti» du «groupe» de Molotov, Kaganovitch, Malenkov, Voroshilov, Boulganine, Pevrouchine, Sabourov, Shepilov et Bagirov, coupables à ses yeux, de violations grossières des normes de la démocratie du Parti et de la légalité révolutionnaire. Leurs agissements abusifs, a-t-il déclaré, avaient un effet pernicieux sur le fonctionnement des institutions des républiques centre-asiatiques, où beaucoup d'honnêtes serviteurs de l'Etat et des représentants éminents de l'intelligentsia étaient devenus victimes de mesures arbitraires des hommes au pouvoir. [48] L'homme d'Etat ouzbek se faisait en fait partisan de la naturalisation des cadres dirigeants dans son pays, mais en fin de compte, ces interventions enflammées lui furent fatales: il fut éjecté du Comité Central et n'a pas été réélu au Politburo. Après quelques années creuses, il a poursuivi sa

[48] La Pravda, 25 octobre 1961.

carrière politique comme ambassadeur de l'URSS en Syrie (1968-1977).

f) Le règne de Sharaf Rashidov 1959 - 1983

Fin décembre 1957, Moukhitdinov fut remplacé comme Premier Secrétaire du Parti par Sabir Kamalov, un apparatchik de haut rang qui a fait toute sa carrière au sein du PC ouzbek et dirigeait sa division de Ferghana avant de passer au Conseil des ministres à Tashkent, mais son règne ne sera pas long: début 1959, il fut relevé de ses fonctions pour «irrégularités commises dans le fonctionnement du Parti communiste ouzbek». Lui succédait le 14 mars 1959 Sharaf Rashidov, diplômé de l'université de Samarkande (1941), ancien journaliste et éditeur du journal *Kzyl Uzbekistoni* (1947-1949), président de l'Union des écrivains ouzbeks, président du Présidium du Soviet Suprême (1950). Sa surprenante nomination était due, avait-on prétendu, au fait qu'il avait accompagné Khrouchtchev en Inde et que ce dernier se souvenait de lui: bénéficiant de la confiance de Khrouchtchev et de Brejnev, cet homme restera au pouvoir pendant 24 ans, jusqu'en 1983. Se plaçant dans le sillage de son prédécesseur, Rashidov accéda aux grands honneurs du régime, en devenant membre suppléant du Politburo (1961), fut distingué à deux reprises, en 1974 et 1977, comme héros du Travail socialiste et décoré à trois reprises de l'ordre de Lénine; il participa à tous les Congrès du PCUS entre le 19e et le 26e. C'est sous le règne de cette personnalité subtile et tenace que l'Ouzbékistan allait connaître la plus importante vague d'industrialisation de son histoire et le développement relativement harmonieux de son agriculture, c'est également au cours de cette période que Tashkent gagnait en prestige en devenant une sorte de capitale de toute la région d'Asie centrale. Comme Moukhitdinov, Rashidov eut une grande activité dans les relations extérieures de l'URSS, notamment avec les pays en voie de développement. Il accompagna Voroshilov dans son voyage en Chine (1957), dirigea la délégation soviétique à la Conférence afro-asiatique du Caire (1957), s'est rendu en 1959 en Guinée, présida la visite des experts soviétiques en irrigation à Cuba (1962), dirigea la visite du PC et du gouvernement en Algérie (1964) et ensuite au Mali et en Indonésie, a fait partie de la délégation soviétique à la Première conférence sur la solidarité des peuples d'Asie, d'Afrique et d'Amérique latine à La Havane (1965), etc. C'est d'ailleurs à Tashkent que s'est tenue en janvier 1966 la rencontre entre les représentants de l'Inde et du Pakistan sur la question du Cashemire, dans laquelle le président du Conseil des ministres, A. Kossyguine, a joué un rôle de médiateur.

De nos jours, la plupart des soviétologues reconnaissent volontiers que, tout en ne disposant que d'une marge décisionnelle limitée par rapport au pouvoir central, et tout en restant peu enclin à verser dans un déviationnisme nationaliste, Rashidov - qui fut en même temps un homme de lettres - avait réussi pas mal d'utiles réalisations en normalisant les relations entre l'Islam et le Parti communiste, et en accomplissant «une modeste contribution pour avancer les intérêts de la culture nationale, pour contenir la surveillance des penseurs progressistes parmi les scientifiques, les écrivains et les artistes, ainsi que pour atténuer les politiques officielles anti-sémites». [49]

C'est sous son règne qu'en novembre 1964 l'Ouzbékistan allait célébrer avec beaucoup de faste le 40e anniversaire de son existence en tant que république soviétique et ce fut une occasion de dresser des bilans. Léonide Brejnev qui

---

[49] Leonid Levitin, Uzbekistan on a historical threshold. Chesterton, Granta Editions, 2001, p. 112.

venait justement d'écarter Nikita Khrouchtchev du pouvoir (14 octobre) pour lui succéder comme Premier Secrétaire du PCUS, s'est rendu à Tashkent où il prononça le 20 novembre, un grand discours de circonstance. Après quarante années d'existence au sein de l'URSS, a-t-il souligné, l'Ouzbékistan apparait comme un pays doté d'une industrie moderne et d'une agriculture évoluée, sa population atteignant désormais un haut niveau culturel: il a fini avec certains héritages du passé tel que la condition servile de la femme. La vieille culture ouzbèke connaît une renaissance et un nouvel épanouissement. Les usines ouzbèkes produisent plus de machines agricoles que tous les pays du Proche et du Moyen-Orient pris ensemble, et l'Ouzbékistan dispose actuellement de quatre fois plus d'énergie électrique que toute la Russie tsariste avant 1917 et, par tête d'habitant, sept fois plus que la Turquie et seize fois plus que l'Iran. La conquête de la Steppe de la Faim fut un grand exploit du peuple ouzbek. Devenu une gigantesque usine textile de l'Union soviétique, l'Ouzbékistan détenait maintenant, avec le Tadjikstan, le record mondial de rendement pour le coton.

Le pouvoir soviétique a reconnu les mérites des dirigeants communistes ouzbeks comme Ikramov, Akhnounbabaïev, Morozov ou Khodjaiev qui avaient été injustement accusés de méfaits imaginaires: «ils ont donné toutes leurs forces et sacrifié leurs vies pour le bonheur des peuples de l'Ouzbékistan», a souligné Brejnev.[50]

Restait le problème de la représentation des Ouzbeks au sein du Parti communiste qui ne reflétait pas la place qu'ils occupaient dans la population de la république: les ressortissants ouzbeks représentaient 36,5 % des membres du Parti en 1927, ils étaient 49 % en 1930, 52 % en 1937, 41 % en 1941, ce dernier chiffre s'expliquant par l'arrivée de nombreux Russes en

[50] Les Nouvelles de Moscou, 28 novembre 1964.

Ouzbékistan au cours de la guerre. Depuis lors, la situation s'est quelque peu stabilisée, mais toutes proportions gardées, les Ouzbeks restaient toujours sous-représentés par rapport aux Russes, Ukrainiens et Juifs, malgré les effforts de Rashidov de réaliser un équilibre. Le tableau ci-après éclaire cette situation en 1959:

	Population		Membres du PC	
Ouzbeks	5.038.273	62 %	92.878	49,5 %
Russes	1.090.728	13,5	44.132	23,5
Tatars	444.810	5,4	10.200	5,4
Kazakhs	335.267	4,1	7.799	4,2
Tadjiks	311.375	3,8	5.585	3,0
Ukrainiens	87.927	1,11	5.691	3,0
Juifs	94.344	1,2	5.422	2,9[51]

Néanmoins, en continuant à favoriser obstinément le recrutement des cadres locaux au sein du Parti, Rashidov a réussi à équilibrer quelque peu la situation: en 1961, la représentation ouzbèke s'éleva à 53 % contre 23 % de Russes, en 1964 à 54 % contre 22 % de Russes. Bien entendu, ce rééquilibrage eut pour corollaire une augmentation considérable des effectifs du Parti - près de 550.000 membres à la mi-70 - mais cette situation a permis à Rashidov d'obtenir à partir des années 70 une certaine autonomie décisionnelle par rapport au pouvoir central. Le processus de «korenizatzya» fut poursuivi sur le plan culturel: Rashidov niait fermement que l'adoption de la langue russe et l'adhésion des Ouzbeks à la culture russe

[51] Н.Д. Безрукова, Коммунистическая Партия Узбекистана в цифрах: сборник статистических материалов 1924-1964. (N.D. Bezroukova, Le Parti communiste d'Ouzbékistan en chiffres: recueil des données statistiques 1924-1964). Tashkent, «Uzbekistan», 1964.

puissent conduire à la disparition des valeurs culturelles nationales.[52]

Quant à l'économie ouzbèke, elle était en expansion et la situation matérielle de la population s'améliorait: déjà en 1957, la Commission économique des Nations Unies pour l'Europe avait noté que le niveau de vie en Ouzbékistan - comme d'ailleurs dans d'autres républiques d'Asie centrale - n'était que de 20 à 25 % inférieur à celui de l'Union soviétique dans son ensemble, et ce décalage continuait à s'équilibrer. Il n'y a pas de doute que la condition matérielle des populations d'Asie centrale était déjà nettement supérieure à celle des populations des pays comme l'Iran ou l'Afghanistan.

S'agissant de la production industrielle qui au cours de la période 1961-1965 a augmenté de 50 %, elle progressait à un rythme rapide. Le XXIIIe Congrès du P.C.U.S. (29 mars - 8 avril 1966) a décidé que pour 1966-1970, l'essor de la culture du coton devait être poursuivi: l'Ouzbékistan demeurait le principal fournisseur de coton en URSS. Le 8e plan quinquennal a donc prévu d'augmenter la production des cotonniers à fibres fines et d'accroître sensiblement la fabrication des machines pour l'irrigation et la culture du cotonnier.Il a été décidé d'accroître le volume de la production industrielle d'environ 60 %, l'extraction du gaz de 130 %, la production de l'énergie électrique de 120 %, des engrais chimiques de 100 %, du cuivre raffiné de 180 %, des tissus de soie de 180 à 200 %, de l'huile végétale de 30 %, des conserves de fruits et de légumes de 60 %.

Le plan quinquenal a prévu d'achever la construction d'usines d'engrais azotés et de fibres artificielles à Ferghana, d'agrandir le combinat de plomb, de zinc et de cuivre d'Altyn-Topkane, en y mettant sur pied la production des engrais

---

[52] Sh. Rashidov, Soviet Uzbekistan, op. cité, p. 96.

chimiques concentrés ainsi que la mine de wolfram d'Inguitchka. L'on s'est proposé de mettre en exploitation des capacités de production au Combinat Ouzbek des métaux réfractaires et au Combinat chimique de Navoï. Une décision fut prise de créer une industrie de l'extraction de l'or. La construction des centrales thermiques de Tashkent et de Navoï ainsi que de la centrale hydro-électrique de Tcharvak devait être achevée, et l'on se proposa de mettre en exploitation le premier groupe électrogène à la centrale thermique de Békabad. La quantité de gaz amené dans l'Oural devait être augmentée. Une décision fut prise de construire le gazoduc de la région gazifère de Boukhara - Tashkent - Frounzé - Alma-Ata.

Le plan quinquennal a prévu la construction ou l'achèvement de plusieurs usines:

- une usine de réfrigérateurs ménagers;

- l'achèvement de la construction du combinat de Namangane pour la production des tissus de fibranne;

- la construction d'un combinat de cotonnades, d'une filature, d'une usine de chaussures, d'une fabrique de bonneterie, de deux huileries et de deux usines de conserves, de même que d'un combinat vinicole. La production marchande des fruits, des cucurbitacées, des légumes et du raisin devrait être accrue, de même que l'élevage des ovins pour la viande, la graisse et l'astrakhan.[53]

Il avait été prévu de mettre en valeur de nouvelles terres irriguées sur une superficie de 500.000 hectares et de

---

[53] Le XXIIIe Congrès du Parti Communiste de l'Union soviétique, 29 mars - 8 avril 1966. Moscou, Editions de l'Agence de Presse Novosti, 1966, pp. 441-442.

poursuivre les travaux d'irrigation et de mise en valeur de la Steppe de la Faim, de la région de Karchi, ainsi que de la vallée de Sourkhane-Chiribad. Des travaux devaient être engagés en vue d'empêcher la formation de marais sur les terres irriguées et leur salification, et d'assurer le ravitaillement en eau des systèmes qui en manquaient. 3,5 millions d'hectares de pâturages devaient être alimentés en eau, et une base importante devait être créée pour la production du riz dans la région d'Amou-Daria inférieur.

Le développement économique du pays allait connaître un accroc: en mai 1966 s'est produit à Tashkent un violent tremblement de terre, la ville fut à peu près entièrement détruite et il y avait de nombreuses victimes. Brejnev et Kossyguine se sont rendus sur place pour évaluer les dégâts, et peu après les autorités soviétiques et les dirigeants ouzbeks redoublèrent d'efforts pour reconstruire la capitale: de grands travaux ont été entrepris et des milliers de bâtisseurs et de cadres russes sont venus dans le pays pour bâtir de nouveaux bâtiments et redessiner les quartiers saccagés. Ce fut certainement une opération de grande envergure: c'est de cette époque que date l'actuelle Tashkent. Une fois leur travail achevé, la plupart de ces gens ont manifesté leur intention de rester en Ouzbékistan, surtout à Tashkent ainsi que dans d'autres villes, à telle enseigne que peu à peu ces dernières sont devenues à prédominance russe. Les inégalités socio-économiques entre les nouveaux venus et la population autochtone se sont accrues et s'étalèrent au grand jour, et à la longue, cette nouvelle structure sociétaire inégalitaire allait poser des problèmes.

Des incidents qui ont éclaté lors d'un banal match de football à Tashkent, le 4 avril 1969, en étaient une pénible illustration. Des heurts violents se sont produits entre les jeunes supporters ouzbeks et des ressortissants russes qui ont été molestés, et pour la première fois depuis l'instauration du pouvoir soviétique on assista pendant quelques jours à des manifestations anti-russes, qui de toute évidence, n'étaient pas spontanées. Tant bien que mal, les autorités ouzbèkes ont fini par maîtriser la situation et ont calmé le jeu, tout en évitant de donner à ces événements une publicité qui naturellement aurait été nuisible. Mais il fallait bien se rendre à l'évidence: dans la société sommeillaient des antagonismes qu'on croyait à tort oubliés...[54]

Malgré ses incidents de parcours, la croissance de l'Ouzbékistan s'est poursuivi sans relâche. La ville de Tashkent, déjà en bonne partie reconstruite et dotée de nouveaux bâtiments modernes et d'un métro - le premier en Asie centrale - avait atteint en 1972 près d'un million et demi d'habitants et la capitale ouzbèke s'ouvrait à un rayonnement culturel international: en mai de cette année, elle a hébergé le IIe Festival international du film des pays d'Asie et d'Afrique.

A la veille du XXVe Congrès du PCUS, Sharaf Rashidov notait non sans fierté, qu'au cours du neuvième quinquennat (1971-1975), l'Ouzbékistan a fait un grand pas en avant et est devenu un immense chantier de construction.[55] La centrale thermique en plein air de Tashkent d'une puissance de 1.920.000 kW - la plus grande en URSS - a été mise en exploitation, de même que les trois premières turbines de la centrale thermique de Syr-Daria, ainsi que la deuxième tranche de l'usine chimique d'Almalyk. On a construit un combinat de cotonnades à Boukhara, tandis que les combinats textiles de

[54] D'autres incidents se sont produits le 21 avril 1968, lorsque quelques centaines de Tatars réunis à Chirtchik, près de Tashkent, ont réclamé la restauration de la république autonome de la Crimée, supprimée en 1945, et leur retour dans la patrie d'origine. Il y avait plusieurs arrestations.

[55] La Pravda, 11 décembre 1975.

Tashkent et de Ferghana ont été modernisés. L'industrialisation du pays s'est poursuivie activement notammrnt au cours du 10e Plan quinquennal (1975-1980).

En cinq ans, près de 500.000 hectares de terres nouvelles ont été mises en valeur. L'Ouzbékistan se proposait de porter sa production de coton brut en 1980 à 5,8 millions de tonnes et de créer une grande région de culture du coton à fibres fines dans la steppe de Karchi. Il avait été prévu de mettre en valeur la steppe de Djizak et de poursuivre la culture du riz dans le delta d'Amou-Daria en Karakalpakie. Le gouvernement envisageait d'irriguer en Ouzbékistan au total 462.000 hectares et d'alimenter en eau 1,5 million d'hectares de pâturages.

g) La campagne contre la corruption. La Perestroïka. Le réveil des vieux démons ethniques. L'économie ouzbèke en crise

La mort de Brejnev le 10 novembre 1982, l'exercice éphémère du pouvoir par Andropov et Tchernenko, et la Perestroïka déclenchée par Michael Gorbatchev après son arrivée au pouvoir en avril 1985 se sont accompagnés de vives turbulences dans le fonctionnement des structures de l'Etat: dans toute l'URSS, le Parti communiste, usé et affaibli, sombra dans une profonde crise qui allait lui être fatale. La crise du régime n'épargna pas l'Ouzbékistan. Le départ de Rashidov en octobre 1983 coïncida avec l'arrivée au pouvoir à Moscou de Youri Andropov qui allait engager une vaste opération anticorruption à travers toute l'URSS, et Inamjon Ousmankhodjaev qui succéda à Rashidov comme Premier Secrétaire du PC ouzbek, a fidèlement suivi le mouvement en lançant d'emblée une vigoureuse campagne contre la corruption et les structures mafieuses qui se sont installées dans le pays. Il révéla que depuis des années, les statistiques concernant la récolte de coton étaient régulièrement falsifiées par son prédécesseur pour faire croire aux autorités de Moscou que le pays avait rempli le Plan, alors que les réalités économiques étaient très différentes. Ces révélations avaient été examinées et reconnues comme fondées en juin 1984 par le Plenum du Comité Central du PC ouzbek auquel assista en personne Yegor Ligatchev, secrétaire du CC du PCUS (en fait N° 2 du Parti) et les choses se sont aggravées en janvier 1986 lorsque l'ex-premier secrétaire du Parti Rashidov fut nommément accusé d'être responsable de ces défaillances: elles allaient être évoquées au XXVIIe Congrès du PCUS (février-mars 1986).[56] Cette affaire a entraîné des arrestations massives, des exclusions du Parti et des poursuites judiciaires contre quelque 4.000 responsables de l'appareil économique de l'Etat. Le Parti communiste ouzbek qui comptait à cette époque (en 1986) 642.025 membres, parmi lesquels les ressortissants ouzbeks étaient 465.443 (sur un total de 19.037.946 membres du PCUS, soit 2,4 % d'Ouzbeks), engagea une vigoureuse purge de ses cadres. Après la destitution du secrétaire du Bureau du C.C. R. Abdullaeva, le 12 janvier 1988 I. Usmankhodjaev fut à son tour remplacé à la tête du Parti communiste ouzbek par le gorbatchévien Rafik Nishanov, qui renforça à l'extrême la campagne anti-corruption en procédant à de nouvelles purges au sein du Parti. Il salua corps et âme la Pérestroïka, tout en prenant certaines réserves, en se montrant notamment franchement opposé à la renaissance en Ouzbékistan des institutions islamiques.

Officiellement, le départ de Usmankhodjaev, âgé de 60 ans, fut expliqué pour des «raisons de santé», mais peu après la *Literatournaya Gazeta* révéla qu'il s'agissait en fait d'une affaire de corruption et de détournement de fonds: arrêté, l'ancien N° 1 du Parti fut condamné à douze ans de prison.

[56] La Pravda, 21 décembre 1987.

D'autres personnalités ont été démis de leurs fonctions et arrêtées au mois de mars: K. Ergashov, ancien ministre de l'Intérieur, le vice-ministre du même Département G. Davydov, le premier secrétaire du Parti de l'oblast Kashkadasya R. Gaipov, ainsi que N. Khoudayberdyev qui était le premier ministre entre 1971-1984. Ont également été demis de leurs fonctions G. Zakhritdinov, vice-président du Conseil des ministres et A. Azimbekov, ministre des Transports.

En octobre 1988 s'est ouvert à Moscou un retentissant procès d'anciens hauts dirigeants ouzbeks accusés de corruption et de détournement de fonds à grande échelle: après quatre mois de délibérations, six membres éminents de la nomenclatura ouzbèke ont été condamnés à des peines de prison allant de huit à dix ans. La chasse aux sorcières fut fatale à Yadgar Nasriddinova, ancienne présidente du Soviet Suprême d'Ouzbekistan (1959) et du Soviet des Nationalités de l'URSS (1970) : accusée de corruption, elle fut expulsée du Parti.

Miné par la décrépitude de ses organes de pouvoir et la montée en puissance de ses républiques fédérées, l'Empire soviétique commença à se désintégrer: en réclamant leur indépendance et la sortie de l'Union, les pays baltes ont donné le ton et la Perestroïka gorbatchévienne qui tentait à y faire face s'avéra impuissante d'arrêter ce mouvement. La Russie entra elle-aussi dans cette spirale désintégrationniste, à telle enseigne qu'on a pu dire que «l'empire soviétique fut détruit, à la différence de tous les autres, plus par la métropole que par ses colonies». [57] Il est exact que les dirigeants des républiques de l'Asie centrale ont tardé à revendiquer leur indépendance à laquelle ils n'étaient d'ailleurs nullement préparés, mais il est

---

[57] Youri Roubinski, Les Eclats de l'empire ou la Communauté des Etats indépendants (CEI). Paris, Institut français des Relations internationales, 2001, p. 11.

vrai aussi que tous ont salué le mouvement de réformes politiques engagé par Mikhail Gorbatchev. Aussi, le Soviet Suprême ouzbek et la plupart des dirigeants du Parti communiste ouzbek qui comptait alors quelque 450.000 adhérents, se sont-ils prononcés de tout coeur en faveur de la Perestroïka et de ses réformes, et à la 19e Conférence du PCUS qui s'est ouverte à Moscou le 28 juin 1988, le N° 1 du PC ouzbek, Rafik Nishanov salua le programme présenté par Gorbatchev, se prononça en faveur de la Glasnost et d'une décentralisation politique, a (maladroitement) dénoncé les agissements et le culte de la personalité de l'ancien Premier Secrétaire du Parti Rashidov et a proposé une série de réformes pour combattre dans le pays la bureaucratie et la démagogie. Fait nouveau, il se montra critique vis-à-vis de la politique imposée à l'Ouzbékistan d'accroître à tout prix la production du coton, laquelle, a-t-il souligné, a fini par plonger le pays au bord d'une catastrophe écologique: la situation prévalant dans la région de la mer d'Aral en était la preuve tangible...

Dans le pays même, *l'Union des écrivains ouzbeks* allait être à l'origine d'un mouvement contestataire se réclamant de la Perestroïka gorbatchévienne. Celle-ci réveilla les aspirations visant la formation d'une véritable identité nationale, en transcendant des principes guidant la politique des nationalités en URSS qui prônait le primat du «contenu socialiste» de la société par rapport à sa «forme nationale». Si en 1917 les Ouzbeks ne formaient pas encore une nation au sens strict du terme, ils comptaient néanmoins parmi les plus anciens peuples de la terre, riches en valeurs culturelles traditionnelles qu'il s'agissait maintenant de révaloriser. L'Islam se trouvait au centre de cet héritage de l'histoire et faisait une partie inhérente du concept de l'identité nationale. Les publicistes ont réclamé notamment la réévaluation de la langue ouzbèke par rapport à la langue russe et sa reconnaissance comme langue officielle du pays, ainsi que la réhabilitation des intellectuels injustement condamnés par le régime comme le poète Cholpan ou l'écrivain Fitrat et la publication de leurs oeuvres.

Devenu secrétaire de l'Union des écrivains, le poète Salikh allait jouer un rôle de premier plan dans ce mouvement qui gagnait progressivement en importance, contrairement au Parti communiste dont les structures commencèrent à fléchir: sous l'impulsion d'Abdourahim Poulatov, cette action déboucha le 11 novembre 1988 sur la création du *Birlik (Unité)*, premier parti politique oppositionnel ouzbek. Le 20 décembre et ensuite en janvier 1989 eurent lieu à Tashkent d'imposantes manifestations estudiantines visant à soutenir le mouvement d'opinion lancé par Salikh: se faisant critiques, voire opposés au Parti communiste, les étudiants se disaient solidaires des idées professées par le *Birlik*. en dénonçant en même temps l'inertie des pouvoirs face à la tragédie de la mer d'Aral, ainsi que les effets économiques pervers engendrés par la politique de monoculture du coton. En mai 1989, ce dernier a tenu sa réunion constitutive sous l'égide de Salikh, Ousman Azim, T.Kasanov et des professeurs Bek Tashmukhamedov et Abdourahim Poulatov: tout en se disant prêt à exercer la plénitude du pouvoir dans le pays, le Birlik ne demanda nullement la sortie de l'Ouzbékistan de l'Union soviétique. Or, peu après, dès septembre 1989, le Birlik allait connaître une scission: une partie de ses membres s'est constituée en février 1990 en parti politique *Erk*, lequel réclama une indépendance immédiate et complète du pays. Entretemps, le 20 octobre une loi du Soviet Suprême érigea la langue ouzbèke en langue officielle de la république.

Les choses allaient se compliquer par le fait que la décomposition de l'URSS réveilla en même temps les vieux démons ethniques: de sanglantes émeutes ont éclaté notamment dans le Caucase, mais aussi dans les pays d'Asie centrale. Le remplacement en décembre 1986 du leader communiste kazakh Dinmuhammmed Kunaiev par l'apparatchik russe Guénady

Kolbine mit le feu aux poudres à Alma-Ata qui allait être le théâtre de violents affrontements: des milliers d'opposants dirigés par les jeunes komsomols dressèrent des barricades et saccagèrent le siège du Parti. Il y eu des morts. Cette explosion des sentiments nationalistes anti-russes fut une désagréable surprise pour les initiateurs de la Perestroïka, mal préparés pour y faire face; d'autres heurts violents allaient se produire au Kazakhstan le 17 juin 1989.

Les affrontements qui ont éclaté début juin 1989 dans la région de Ferghana en Ouzbékistan - une bande de territoire de 300 km de l'est en ouest et de 150 km du nord au sud, enclavée entre le Tadjikstan, le Kazakhstan et le Kirghizstan - ont fait 112 morts et plus de 1.000 blessés, dont 170 parmi les forces de l'ordre; pour mater la violence, le Ministère de l'Intérieur a dépêché sur place quelque 6.000 hommes. De caractère ethnico-religieux, ces heurts avaient opposé des Ouzbeks sunnites de rite hanafite aux «Turcs Meshkets» shiites, originaires notamment de la Géorgie: à l'origine chrétiens orthodoxes, ces gens ont été converti à l'Islam lorsque la Géorgie se trouvait sous la domination de l'Empire ottoman entre le XVIe et le début du XXe siècle. En novembre 1944 près de 100.000 de ces Meshkets ont été expulsés de Géorgie (patrie de Staline et de Béria) et déportés principalement en Ouzbékistan dans la région de Ferghana, mais aussi (partiellement) au Kazakhstan et en Kirghizie: le pouvoir soviétique leur reprochait leurs sentiments pro-Turcs, leur manque de loyauté envers le régime et leurs activités de contrebande, mais en fait très peu d'informations ont filtré à l'époque en ce qui concerne la nature précise de ces accusations. Arrivés en Ouzbékistan, ces gens sont restés insuffisamment ou mal intégrés parmi les populations locales, et après le XXe Congrès du PCUS en 1956, ils ont demandé de retourner en Géorgie, mais cela leur fut refusé. [58] Les dissensions entre les Turcs Meshkets et les Ouzbeks autochtones allaient s'accroître à la veille de l'Indépendance lorsque la vallée de Ferghana fut frappée par une crise économique et lorsqu'elle a dû affronter un important chômage des jeunes. Des inégalités sociales apparurent au grand jour également en raison du fait que les Turcs de Meshkétie disposaient généralement de plus de terres arables que la population ouzbèke autochtone, car les dimensions des lots qui leur étaient affectés dépendaient du nombre des membres de la famille travaillant au kolkoze; or, contrairement à des familles ouzbèkes, très nombreuses, où les femmes restaient le plus souvent au foyer, il n'y avait généralement dans les familles meshkètes que deux enfants par famille, et les femmes travaillaient. Ces inégalités étaient à l'origine du mécontentement des populations ouzbèkes qui s'est amplifié au fil des années. [59]

Il y avait aussi d'autres facteurs, d'ordre religieux. Il faut dire que dès le déclenchement de la Pérestroika gorbatchévienne, les islamistes de Ferghana avaient relevé la tête en se lançant dans la construction de mosquées et la fondation d'écoles coraniques, tout en constituant des groupements islamistes *Adolat* (justice), une sorte de police religieuse chargée de faire respecter les préceptes de conduite morale de l'Islam. Par-ci, par-là se manifestèrent les sentiments pro-iraniens et pro-Khomeini, et ont apparu des drapeaux verts, ce qui ne faisait qu'aggraver les dissensions en mettant fin à la paix et la bonne entente entre les populations: les islamistes radicaux avaient accusé les Meshkets de ne pas vouloir se joindre à eux dans cette croisade politico-religieuse. Accompagné du membre du

---

[58] Anatoly M. Khazanov, After the USSR. The University of Wisconsin Press, 1995, p. 199.

[59] Anatoli Filatov, Sur la route de la soie, dans Etudes soviétiques, octobre 1989, p. 49.

Politburo Victor Tchebrikov, le premier ministre Nikolai Ryjkov s'est rendu à Ferghana où il annonça que des mesures seraient prises pour évacuer des populatoins meshkètes de la région. Alors qu'il se trouvait en visite en Allemagne occidentale, le président Gorbatchev déclara le 12 juin que les fondamentalistes islamistes avaient une part de responsabilité dans ces tragiques événements; 386 personnes ont été traduites devant la justice, parmi lesquelles 194 ont été jugées coupables; deux prévénus ont été condamnés à mort. Le procès de douze autres prévenus eut lieu en février 1991.

Des heurts eurent également lieu les 12-14 février 1990 à Douchanbé au Tadjikstan où les Tadjiks islamistes ont molesté des Arméniens voire des Russes, et le 5 juin de la même année ce fut le tour de la Kirghizie où les violents affrontements entre les Kirghizs et les Ouzbeks, notamment à Osh, ont fait 80 victimes. Un état d'urgence fut décrété à cette occasion par le president Karimov dans la région d'Andishan et les deux gouvernements allaient se concerter pour mettre fin à la violence. Rappelons qu'à cette époque il y avait dans la population du Kirghizstan quelque 12,9 % d'Ouzbeks, établis notamment dans le Sud du pays, dans les régions d'Osh et de Djelabadad: la ville d'Osh - la seconde du pays - a une population de quelque 400.000 habitants, dont 43 % sont les Kirghizs et 43 % les Ouzbeks. Contrairement aux Kirghizs, autrefois nomades et restés économiquement dans une situation plutôt précaire, les ressortissants ouzbeks eux, jouissaient toutes proportions gardées, d'un statut relativement privilégié. Les Kirghizs avaient réclamé qu'on leur octroie prioritairement des terres, ainsi que les terrains constructibles autour de la ville, mais les autorités ayant refusé d'accéder à cette demande, leur mécontentement grandit et finalement déboucha sur un affrontement ethnique.

Les dirigeants des républiques d'Asie centrale allaient se concerter pour prendre des mesures contre ce regain de la violence ethno-religieuse, mais en fin de compte ils sont restés au stade des bonnes intentions et des déclarations rassurantes: une fois que le sang a coulé, de tels conflits ont une vie longue dans la mentalité des gens et ne se laissent pas apaiser facilement. Les temps sont restés troubles.

D'autre part, la désintégration de l'URSS eut pour corollaire une crise généralisée des structures économiques: le Parti commençait à perdre progressivement le contrôle des grandes entreprises industrielles et le même dérèglement venait de s'installer dans le secteur agricole: un peu partout, la production baissait et les prix montaient. L'Ouzbékistan qui comptait à cette époque 1.556 grandes entreprises industrielles, 859 kolkhozes, 1.052 sovkhozes et 202 colectivités mixtes n'a pas échappé à cette situation et le rythme de croissance de son économie s'est ralenti: en 1986-87, le produit national brut n'a augmenté que de 1,4 %, alors qu'en même temps sa population augmentait de 6 %. Ce taux de croissance démographique galopante confirmait une évolution à long terme, il était nettement supérieur au taux moyen de croissance démographique en URSS: 116,5 % entre 1970-1987, tandis qu'en Ouzbékistan il était de 161,2 %. [60] De toute évidence, l'économie ne suivait pas la démographie. Dès 1987, les dirigeants ouzbeks avaient déjà constaté que la production du coton, des pommes de terre, des fruits, du raisin et du tabac était en chute libre, et ce n'est que maintenant qu'ils ont commencé à critiquer ouvertement les méfaits d'un système d'une économie de monoculture, qui était en grande partie responsable de leurs déboires. On nota également les défiances dans le secteur de la fabrication de machines et d'équipement cotonnier dont la technologie devenait obsolète, sans oublier la montée inquiétante du chômage, surtout

[60] С. Зиадуллаев, Развитие производительных сил Узбекистана, (S. Zyadoullaev, Le développement des forces productrices de l'Ouzbékistan), dans Voprosy Ekonomiki (Moscou), N° 5, 1989, p. 33

parmi les jeunes.[61] Le pays se trouvait au bord d'une catastrophe en ce qui concerne son approvisionnement en eau potable, à quoi s'ajoutait le sort tragique de la mer d'Aral dont le dessèchement avait pris des proportions alarmantes.

En fait, on espérait en Ouzbékistan que la question préoccupante de la mer d'Aral et le problème de l'eau que soulevait l'intensification de la plantation du coton sur les nouvelles terres défrichées seraient résolus par la mise en vigueur de l'ambitieux plan «Sibaral» conçu début 1985 par certains économistes à Moscou. Ce plan, dont la réalisation aurait mis une dizaine d'années, préconisait le détournement vers la Volga des fleuves Sukhona et Onega (qui se jettent dans l'océan Arctique), ce qui aurait pu avoir pour effet d'augmenter le niveau d'eau de la Caspienne; en même temps, il fut proposé de détourner les eaux du fleuve Irtych, en Sibérie occidentale, vers les républiques d'Asie centrale afin de relever le niveau d'eau de la mer d'Aral. Après l'adoption par le gouvernement des lignes directrices générales de ce plan en juin 1985, plusieurs personnalités ainsi que d'éminents économistes se sont prononcé contre ce projet, dénonçant ses aspects économiques futiles et ses conséquences écologiques néfastes. Les vigoureuses critiques émises à l'encontre du projet par A.L. Yanshin, président de l'Académie des Sciences de l'URSS, ainsi que par Abel Aganbegyan, conseiller économique principal de Michael Gorbatchev, [62] ont sonné le glas de ce projet qui fut finalement abandonné le 19 août 1986 par une décision conjointe du Comité Central du P.C. et du Conseil des Ministres. Dans les pays d'Asie centrale, ce fut la consternation.

---

[61] Komsomoletz Ouzbekistana (Tashkent), 9 septembre 1989.

[62] Abel Aganbegyan, The economic challenge of Perestroika. Indiana University Press, 1988, p. 201.

II. L'Ouzbékistan indépendant dans son environnement politique

a) Islam Karimov au pouvoir

C'est dans ce contexte agité de la Perestroïka gorbatchévienne que Rafik Nishanov, promu en juin 1989 président du Soviet des Nationalités de l'URSS, a quitté le pays pour Moscou, le poste de premier secrétaire du PC ouzbek devenant vacant. S'engageait alors une compétition serrée pour sa succession: tout l'Ouzbékistan se trouva en effervescence, car à côté des communistes entraient cette fois en scène des mouvements oppositionnels, notamment le *Birlik (Unité)*, qui multipliait les meetings en réclamant davantage de liberté d'expression et des réformes démocratiques.

Le vainqueur de cette compétition allait être Islam Karimov, premier secrétaire du PC de l'obkom de Kashkadarya, dont la nomination au poste de premier secrétaire du Parti communiste ouzbek fut annoncée en juin 1989. Né en 1937, cet économiste était membre et ensuite président du Gosplan d'Ouzbékistan (1966 - 1986) et à ce titre assistait au Conseil des ministres, mais contrairement à ses prédécesseurs, il n'a jamais été un véritable apparatchik du Parti, mais «an outsider to the party apparatus», [63] un technicien et un homme de terrain. Ayant adressé aux autorités de la République un mémorandum sur les Perspectives du développement économique d'Ouzbékistan, ses vues ont sucité une vague de jalousies et d'oppositions parmi les dirigeants du Parti communiste ouzbek et ont été contrées par le camarade Anishev, 2e Secrétaire du CC du Parti, qui a fait reléguer Karimov à Karshi pour y diriger l'obkom de Kashkadarya. C'était, bien entendu, une voie de garage, où le futur président de la République passa stoïquement trois années dans un parfait isolement.

Le retour de Karimov à Tashkent et son élévation au poste de Premier Secrétaire du Parti fut soutenue par l'influent homme politique de la capitale ouzbèke Shoukroulla Mirsaïdov (ancien premier secrétaire du PC de Ferghana), lequel s'imaginait naïvement qu'en fin de compte, son protégé ne serait qu'un pantin, et que c'est lui qui tirerait les ficelles en devenant le véritable N° 1 du pays. [64] Cela ne se fit pas. Devenu officiellement le bras droit d'Islam Karimov, Sh. Mirsaïdov allait perdre peu à peu de sa superbe, le nouveau chef du Parti n'étant pas du tout un homme à se faire manoeuvrer. Désigné président du Conseil des ministres lors de la session du Soviet Suprême les 24-31 mars 1990, Mirsaïdov fut relégué en novembre au poste de vice-président, le Conseil des ministres étant désormais placé sous l'autorité directe d'Islam Karimov.[65]

---

[63] Donald S. Carlisle, Uzbekistan and the Uzbeks, dans Problems of Communism, septembre-octobre 1991, p. 36.

[64] Азер Мурсалиев, Президенты в поисках утраченной легитимности (Les Présidents en quête de la légitimité perdue), dans Moskovskye Novosti, 10-17 avril 1994.

[65] Mirsaïdov allait être démis de son poste en janvier 1992: condamné à trois ans de prison pour le détournement des biens de l'Etat, il bénéficiera en juin 1992 de la grâce présidentielle.

Adoptant une attitude franchement indépendantiste vis-à-vis du pouvoir de Moscou, et faisant valoir que de 1983 à 1986 les Ouzbeks étaient la proie d'un arbitraire gouvernemental, I. Karimov a dénoncé dès l'été 1990 le chaos sur lequel a finalement débouché la Perestroïka gorbatchévienne, en affirmant sans ambages que la difficile situation dans laquelle se trouvait le pays appelait impérativement un pouvoir fort. En effet, on se trouvait dans une incertitude la plus totale: déjà fortement fissurées, les anciennes structures étatiques étaient en train d'éclater, sans pour autant être remplacées par de nouvelles institutions plus ou moins fiables. La classe politique ouzbèke n'avait pas une idée très claire en ce qui concerne l'avenir du pays: tout en assurant que l'Ouzbékistan était fermement engagé dans la voie d'une autonomie politique et économique, Mirsaïdov soulignait «qu'à la différence des républiques baltes, l'Ouzbékistan voit son avenir au sein de la fédération soviétique rénovée»... Quant au président du Conseil des Nationalités Nishanov, il s'est certes félicité de la transformation graduelle des relations entre le Pouvoir central et les républiques fédérées, auxquelles on promettait désormais davantage d'autonomie politique et d'attributions économiques et auxquelles une loi fédérale venait de reconnaître - fait nouveau dans l'histoire du fédéralisme soviétique - le droit à la sortie de l'Union. Mais il n'évoquait ni ne revendiquait guère cette éventualité de séparation et d'indépendance: non, on continuera à coexister tous ensemble, d'une manière «civilisée» et dans l'esprit des principes léninistes, au sein d'une Union rénovée. [66]

C'est dans ce contexte trouble chargé d'incertitudes que I. Karimov imposa une nouvelle orientation au Parti, une orientation beaucoup plus gestionnaire et technocratique qu'idéologique. Sous son impulsion, le 20e Congrès du PC

---

[66] Новая федерация - новые отношения (Nouvelle fédération - nouveaux rapports), dans La Pravda, 29 mai 1990.

ouzbek réuni en juin 1990 allait entièrement rénover ses organes: aucun des membres du Bureau ou du Secrétariat élus en 1986 ne fut retenu, et parmi 261 membres du Comité Central de 1986, seuls 62 en sont restés titulaires en 1990. Néanmoins, les anciennes structures administratives du Parti ont été en grande partie maintenues, car, expliquera le leader ouzbek, «on n'abat jamais une vieille maison avant de construire une nouvelle». En même temps, il prenait ses distances vis-à-vis de l'attitude de son prédécesseur à l'encontre de l'Islam, en favorisant sa résurgence, tout en se montrant opposé à des mouvements oppositionnels qui se réclamaient de l'Islam fondamentaliste ou prônaient la défense tous azimuts des droits de l'homme. A la même occasion, contrairement à Nishanov, le nouvel homme fort d'Ouzbékistan rétablissait l'honorabilité de Rashidov en vantant ses réalisations et en atténuant les accusations de Moscou quant à la généralisation du phénomène de corruption parmi les élites dirigeantes du pays: ce qui était considéré par le Pouvoir central comme «corruption» était souvent vu par les hommes politiques ouzbeks comme un procédé déguisé pour prendre en mains les affaires du pays. Une statue à la mémoire de Rashidov sera ultérieurement érigée à Tashkent.

b) L'Indépendance de l'Ouzbékistan

Lors du référendum de mars 1990 sur «l'Union renovée des Etats souverains», l'Ouzbékistan a voté à concurrence de 93,7 % en faveur de ce projet (88,1 % à Tashkent), mais cela n'a pas empêché le président Karimov de formuler de nettes réserves en ce qui concerne les pouvoirs qui seraient attribués au «Centre» au détriment des républiques fédérées. Intervenant le 6 juillet 1990 au XXVIIIe Congrès du PCUS, le leader ouzbek adopta un ton très ferme qui contrastait nettement avec la traditionnelle langue de bois des députés des républiques périphériques: les temps ont changé. Il stigmatisa le chaos qui s'installa dans tous les coins de l'Union soviétique et conduit cette dernière tout droit vers sa désintégration et se prononça pour une réorganisation de fond en comble du Parti communiste, lequel devrait redevenir fort, discipliné, capable de mener à bien la Perestroïka. Tout en s'érigeant contre le fractionnisme au sein du PCUS, il souligna le rôle positif des PC républicains, lesquels devraient se faire reconnaître une autonomie totale dans la fixation de leurs programmes, en respectant en même temps, cela va de soi, a-t-il noté, le programme et les statuts du PCUS. Il se dit opposé à toutes manifestations d'un nationalisme débridé semant la haine et débouchant sur des affrontements interethniques, mais demanda aussitôt que le nouveau traité d'Union reconnaisse franchement la souveraineté de ses membres et leur égalité juridique. L'Union ne devrait disposer que des pouvoirs qui lui auront été attribués par les républiques fédérées.

Il se montra tout aussi ferme en ce qui concerne la situation économique marquée par la montée vertigineuse de l'inflation et des prix de produits de consommation courante. Et de poser cette question: pourquoi l'Ouzbékistan doit continuer à exporter ses matières premières et ses produits semi-finis pour lesquels il ne reçoit pas une contrepartie équivalente? Pourquoi un cinquième de sa population est sans emploi, pourquoi son revenu par tête d'habitant est deux fois inférieur à celui de l'ensemble de l'URSS? Et d'ajouter: la constitution d'un marché libre n'est pas un remède à cette situation: une économie de marché ne sera possible que lorsque les gens le souhaiteront vraiment. Enfin, Karimov regretta amèrement que rien n'a été fait par les autorités fédérales et par le PCUS pour trouver une solution au problème de la mer d'Aral, alors qu'une cinquantaine de millions de gens restent directement concernés par cette effroyable catastrophe écologique...[67]

En décembre 1990, au Congrès des députés du peuple qui s'est tenu à Moscou, Islam Karimov allait critiquer, avec son homologue kazakh Nazarbaiev, la manière avec laquelle fut préparé le projet du Traité d'Union et s'est insurgé contre le fait que ce document fut cavalièrement imposé aux républiques par le Centre, alors qu'à son avis, c'est à ces dernières qu'appartenait de définir les attributions constitutionnelles du Centre (du Pouvoir fédéral). Effectivement, un des projets du Traité - ils étaient plusieurs - reconnaissait aux républiques des prérogatives bien moindres que l'ancien Traité constitutif de l'URSS de 1922, déjà fort centralisateur, et était muet en ce qui concerne leur droit de quitter librement l'Union; en plus, les républiques restaient «socialistes», pas du tout «souveraines». Karimov n'était pas le seul à s'opposer à ce document: les trois Etats baltes, la Moldavie, la Géorgie et l'Arménie avaient annoncé qu'ils ne signeraient pas le traité.

Les événements allaient se précipiter en été 1991. Bien que avorté, le coup d'Etat de Moscou et la maladroite tentative des putchistes d'isoler le président Gorbatchev en Crimée (18-21 août 1991) ont eu pour inévitable résultat d'accélérer la dissolution de l'Union soviétique, et à plus d'un égard ces événements portèrent un coup fatal au projet de son remplacement par une «Union rénovée»: l'Estonie et la Lettonie ont immédiatement proclamé leur indépendance, rejoignant en cela la Lituanie qui le fit déjà en mars 1990. Si au cours de ces folles journées la situation est restée plutôt calme en Ouzbékistan, les dirigeants du pays ne rateront pas cette occasion pour proclamer eux aussi son indépendance: le 23 août le président Karimov démissionnait du Politburo du PCUS, le 24

[67] La Pravda, 6 juillet 1990.

tous les biens du Parti étaient déclarés propriété nationale, le Ministère de l'Intérieur et les organes de sécurité KGB ont été subordonnés au Président de la République et le 28 le PC ouzbek décidait sa sortie du PCUS: il sera transformé en «Parti démocratique populaire», sans qu'on touche à ses structures administratives qui ont été *grosso modo* maintenues. Réuni en session extraordinaire, le Soviet Suprême ouzbek proclamait le 31 août 1991 l'indépendance de l'Ouzbékistan, ainsi que le changement d'appellation de la «RSS d'Ouzbékistan» en «République d'Ouzbékistan».

A vrai dire, ce nouveau statut n'était pas exactement l'aboutissement d'une revendication nationale proprement dite, mais s'imposa en quelque sorte de lui-même, comme conséquence de la désintégration de l'URSS et de son Parti communiste. La question de l'adhésion éventuelle de l'Ouzbékistan aux structures fédérales rénovées restait donc ouverte, mais sans mettre en question la souveraineté du pays qui apparaissait désormais comme un fait irréversible: si le président Karimov acceptait l'éventualité de la signature d'un traité instituant un espace économique commun ainsi qu'une défense en commun des frontières, entre les Etats-membres de l'ancienne URSS, il se montra en revanche très réservé vis-à-vis de tout projet d'un nouveau Traité de l'Union qui perpétuerait en fait l'ancien régime en n'accordant aux républiques qu'un semblant de véritable autonomie.

Intervenant le 2 septembre 1991 au Congrès des députés du peuple qui s'est tenu à Moscou, Sh. Youldashev, président du Soviet Suprême d'Ouzbékistan, n'a pas exclu la signature par son pays du Traité d'Union rénovée à qui sera confiée la défense des frontières des Etats membres, et au sein de laquelle sera établi un espace économique commun, indispensable pour lutter efficacement contre le fléau d'inflation galopante. Il a néanmoins insisté sur le fait que les républiques signataires du Traité devraient se faire reconnaître toute latitude pour résoudre leurs problèmes spécifiques d'une manière autonome et qu'elles devraient être libres d'établir des relations diplomatiques avec les pays tiers. L'Ouzbékistan, a-t-il affirmé, ne consentira jamais à jouer le rôle de second plan au sein d'une nouvelle Union: «il veut être égal parmi les égaux». [68]

Devant les réticences russes, les Ouzbeks ont durci leur position. Lorsque, le 11 octobre 1991, à la réunion du Conseil d'Etat, Mikhail Gorbatchev proposa de discuter ce Traité, il se heurta à l'opposition des présidents de Russie, d'Ukraine et d'Ouzbékistan. Selon le témoignage d'Andreï Gratchev, «Karimov, le président ouzbek, tenta de faire quelques passes avec la balle tombée dans le camp républicain. Il fit semblant d'entendre parler du Traité pour la première fois et demanda de quel projet il s'agissait, de celui qui avait été discuté avant août ou d'un projet nouveau?» [69] En fait, il était trop tard: malgré les insistances de Gorbatchev, le Traité, plusieurs fois remanié, ne rencontrait pas l'adhésion des représentants des républiques et fut abandonné.

A la réunion de Minsk (Bélovej) du 8 décembre 1991, les présidents Eltsine, Kravtchouk et Shouchkevytch ont mis fin à l' URSS en la remplaçant par la *Communauté des Etats indépendants*; qui représentait désormais 80 % du territoire de l'ex-URSS, 73 % de sa population et 86,5 % de sa production industrielle. Fallait-il voir dans cette décision des trois pays slaves - la Russie, l'Ukraine et la Biélorussie - la concrétisation de l'idée exprimée par certains publicistes mal inspirés d'une union exclusivement slave, qui laisserait à côté les peuples

---

[68] Izvestia, 3 septembre 1991.

[69] Andreï S. Gratchev, L'Histoire vraie de la fin de l'URSS. Paris, Editions du Rocher, 1992, p. 71.

asiatiques de l'ex-Empire? [70] Bien entendu, telle n'était pas du tout l'intention des trois participants à la réunion de Minsk, lesquels auraient souhaité que le président kazakh Nazarbaiev se joigne à eux pour cosigner ce document - le Kazakhstan était à ce moment une puissance nucléaire - mais ce dernier se montra hésitant et finalement n'est pas venu. Quoi qu'il en soit, cette annonce créa l'émoi dans les cinq capitales des républiques d'Asie centrale: N. Nazarbaiev parla d'une «surprise», d'une politique de «fait accompli», d'une «insulte à la dignité nationale des républiques asiatiques» [71], et fut d'avis que le problème n'était pas encore définitivement réglé et que le président Gorbatchev n'avait pas encore épuisé toutes ses possibilités de riposte. En effet, dans l'espoir d'un appui des dirigeants centre-asiatiques pour sauver l'Union, M. Gorbatchev proposera sa nouvelle dénomination, à savoir «l'Union euro-asiatique»...

Pris au dépourvu, les dirigeants des cinq républiques centre-asiatiques se sont réunis d'urgence, à Ashkabad, où ils ont dû tout d'abord se prononcer sur le projet du président Niyazov (Turkménistan) relatif à la création d'un bloc islamique des cinq Etats asiatiques réunis dans une confédération, qui ferait le contrepoids au groupement des trois pays slaves, mais sur l'insistance de N. Nazarbaiev, cette formule fut abandonnée. [72] Après avoir noté que l'Accord de Minsk était pour eux une «surprise», les cinq présidents ont reconnu en même temps ses aspects positifs»: ils se sont déclarés prêts à s'y rallier, à la condition toutefois d'en être membres fondateurs, égaux en droits, et sous réserve de la confirmation des frontières «actuellement en vigueur». En prenant cette décision capitale, les

---

[70] Alexandre Soljénitsyne, Comment devons nous bâtir la Russie: quelques considérations pertinentes (en russe), dans Literatournaya Gazeta, 18 septembre 1990, Supplément.

[71] Izvestia, 10 décembre 1991.

[72] Н. Назарбаев, Калитка к ближайшему соседу (N. Nazarbaiev, La porte vers le voisin le plus proche), dans La Pravda, 16 décembre 1995.

présidents Nazarbaiev, Niyazov et Karimov ont tenu à obtenir au préalable leurs assurances en téléphonant au président Eltsine pour lui dire qu'ils participeraient certes à la C.E.I., mais à la condition que celle-ci soit fondée sur l'égalité absolue des Etats membres, l'accord «initiateur» de Minsk (Bélovej) devant être transformé en un statut d'ordre «constitutionnel»: l'homme d'Etat russe s'est dit d'accord. Sur l'intervention d'Islam Karimov, un communiqué adopté à l'issue de cette conférence a stipulé que les participants à la réunion consultative approuvaient le fait que la République d'Ouzbékistan n'arrêterait définitivement sa position quant à son adhésion à la Communauté des Etats indépendants qu'après la tenue des élections présidentielles du 29 décembre de cette année.

A la veille de la Conférence d'Alma-Ata qui devait prendre une décision définitive sur la question successorale de l'URSS, Mikhaïl Gorbatchev adressait (le 18 décembre) un ultime message aux participants de cette rencontre, dans lequel il notait la ratification de l'Accord sur la création de la CEI par les Soviets Suprêmes de la RSFSR, de l'Ukraine et de la Biélorussie, ainsi que la volonté du Kazakhstan, du Kirghizstan, du Tadjikstan et du Turkménistan d'en faire partie: l'Ouzbékistan n'était pas mentionné...[73] Effectivement, réunis le 21 décembre à Alma-Ata, les représentants des onze ex-républiques de l'URSS - sans les républiques baltes et sans la Géorgie - ont confirmé l'accord relatif à la création de la CEI, tout en lui apportant quelques rectificatifs et aussi sa «légitimité constitutionnelle».

Quelques jours après, le 29 décembre, le référendum national a confirmé l'indépendance ouzbèke et Islam Karimov était élu le premier président de l'Ouzbékistan indépendant. En

---

[73] Mikhaïl S. Gorbatchev, Décembre 1991. Zug (Suisse), CopArt Editions, 1993, p. 112.

janvier 1992, l'Ouzbékistan est devenu membre de l'OSCE, le 2 mars il était admis à l'ONU et le 3 septembre 1992 il est devenu membre du Mouvement des non-alignés. Le 8 décembre 1992 fut solennellement promulguée la Constitution de l'Ouzbékistan.

Dès les premiers mois de l'Indépendance, le président Karimov s'est rendu en visite en Turquie, puis en Arabie saoudite ainsi qu'à Singapour, d'où il est retourné impressionné: ce dernier pays pourrait servir, a-t-il dit, de modèle au développement de l'économie ouzbèke. Il faut dire que, comme partout ailleurs dans la CEI, les premières années de la vie autonome de l'Ouzbékistan se sont avérées particulièrement difficiles: la désintégration des liens traditionnels avec la Russie et les autres républiques de l'ex-URSS et le départ précipité de milliers de cadres russes créèrent un vide affectant le fonctionnement des institutions étatiques et de ses structures économiques. Il n'y avait plus de transferts d'aide du Centre qui représentaient plus de 19 % du produit intérieur brut de la république: le gouvernement russe, en difficultés économiques lui-aussi, n'était plus en mesure d'accorder des crédits ou des facilités de paiement aux nouveaux Etats centre-asiatiques, et réclama le règlement des anciennes créances. L'alignement progressif des secteurs clés de l'économie ouzbèke sur les prix mondiaux allait affecter ses *structures* et se répercuta défavorablement sur ses capacités de production et d'exportation, d'autant plus que la balance du commerce extérieur restait négative: l'Ouzbékistan importait annuellement pour 13 milliards de roubles de produits finis qu'il payait cher, et exportait pour 9 milliards de roubles de marchandises et de matières premières qu'il vendait bon marché. Ainsi, le coton cultivé dans le pays sur quelque 90 % de ses surfaces cultivables, n'était transformé par les entreprises ouzbèkes qu'à concurrence de 15 % seulement, le reste étant exporté à des prix (fixés par Moscou) qui étaient plusieurs fois inférieurs au cours des marchés internationaux. Le pays n'était pas préparé à ces brusques mutations de ses structures économiques lesquelles eurent une incidence négative sur le niveau de vie des populations qui a lourdement chuté.

Le désordre administratif qui s'installa un peu partout s'accompagna de l'apparition de circuits économiques parallèles échappant au contrôle de l'administration du jeune Etat, les anciens apparatchiks restés à la tête d'entreprises s'enrichissant indûment au détriment d'une population tombée dans la pauvreté. Les autorités gouvernementales ont essayé de réagir en adoptant un programme de réformes prévoyant notamment la «désidéologisation de l'économie», celle-ci devant désormais prévaloir sur les données politiques;[74] elles ont engagé en même temps des mesures visant à combattre la corruption, la baisse de la production et du commerce, mais tout cela s'avéra quelque peu théorique, sans rapport avec les dures réalités économiques. S'agissant des contrôles des prix qui frappaient les produits alimentaires et les biens de consommation, ils allaient certes être supprimés à partir de 1993, mais la plupart des contrôles et des subventions de l'Etat ont été maintenus, à telle enseigne que la baisse de la production industrielle ouzbèke - 12 % en 1992 et 8 % en 1993 - s'avéra en fin de compte beaucoup plus réduite que dans la plupart des autres pays de la CEI.

c) Forces armées ouzbèkes

Quelques jours après la proclamation de l'indépendance de l'Ouzbékistan, fut formé le 10 septembre 1991 le Ministère des Affaires de la Défense, dont la direction fut confiée au colonel ouzbek Rustam Akhmedov, un spécialiste

---

74 Islom *Karimov, Uzbekistan along the road of deepening economic reform.* Tashkent, Uzbekiston, 1995, p. 10.

des blindés, exerçant dès 1986 les fonctions de chef d'état-major de la Défense civile de la région de Tashkent. Promu en janvier 1992 général-lieutenant, il allait être reconduit peu après comme ministre de la Défense de la République.

Le 14 janvier 1992, les autorités ouzbèkes ont mis sous leur juridiction toutes les unités et installations militaires se trouvant sur le territoire de l'Etat, à l'exception des «forces stratégiques», placées sous l'égide de la CEI. Bien entendu, le grand problème était celui de la naturalisation des effectifs de la nouvelle armée: les éléments slaves formaient environ 85 % du corps d'officiers, et parmi 15 généraux en service au début de 1992, dix étaient Russes, cinq seulement Ouzbeks. La modification de cette situation prendra un certain temps, mais en attendant, le Parlement adoptait le 3 juillet de la même année trois actes fondamentaux régissant le statut de la nouvelle armée ouzbèke:

- La loi *«Sur la Défense»* a fixé les principes qui régissent désormais les Forces armées de la République en temps de paix et en temps de guerre. L'Armée ouzbèke comprend les Forces terrestres, les Forces aériennes, la Défense anti-aérienne et la Garde nationale;

- La loi *«Sur l'obligation militaire universelle et le service militaire»* a défini le statut du service militaire (18 mois), les grades, l'âge limite, les modalités de mobilisation et de démobilisation, le statut financier des officiers et des soldats;

- La loi *«Sur le service alternatif»* a stipulé, pour la première fois dans l'histoire du pays, la possibilité d'opter pour un service alternatif dans une institution publique au lieu d'un service militaire de 18 mois dans l'armée.

Un Comité d'une vingtaine de membres, présidé par V. Niyazmatov, fut chargé de mettre en vigueur les modalités organisationnelles de ces dispositions. Un de ses membres éminents était le général-major Boris Belousov, gradué de l'Ecole de défense anti-aérienne d'Odessa (1959) et membre dès 1980 du District militaire de Tashkent; de nationalité russe, il fut élu en février 1990 député du Soviet suprême de la RSS d'Ouzbékistan. Le second membre éminent du Comité fut le général-major V. Makhmoudov, gradué de l'Académie militaire de Frounzé (1977) et vétéran d'Afghanistan (1979-1981); de nationalité ouzbèke, il fut élu lui-aussi en février 1990 député du Soviet suprême de la RSS d'Ouzbékistan.

La *Garde Nationale de la République* fut créée le 23 janvier 1992: elle remplaça les Troupes Intérieures qui relevaient du Ministère des Affaires intérieures. Forte d'environ 3.000 hommes et commandée par le général-major R. Akhmedov, la Garde Nationale a reçu pour mission d'assurer la protection de la résidence présidentielle ainsi que d'une série d'importantes installations de l'Etat; elle participe à des opérations anti-subversives et remplit des fonctions protocolaires lors des cérémonies officielles. Elle a été placée sous l'autorité personnelle du Président de la République.

Se référant aux arrangements conclus au Sommet de la CEI de Kiev, le 20 mars 1992, I. Karimov a signé le 24 mars 92 un décret établissant les *Troupes de Protection des Frontières.* Elles allaient jouer un rôle significatif dans le maintien de la sécurité le long de la frontière ouzbéko-afghane.

A la longue, les autorités ouzbèkes se sont proposé de renforcer leurs dispositifs de défense par la formation graduelle d'une armée professionnelle petite en nombre, mais mobile et bien équipée en armements modernes. L'armée ouzbèke qui compte actuellement quelque 50.000 hommes est la plus importante de tous les pays d'Asie centrale : en 1996, le gouvernement annonça qu'elle comptait 80 % d'Ouzbeks ethniques, contre 6 % engagés dans les forces soviétiques à la veille de l'Indépendance. Ses troupes terrestres (30.000 hommes) disposent de 355 chars, de 594 véhicules de combat blindés et de 600 pièces d'artillerie. Ses forces aériennes peuvent compter sur 150 avions de combat (Su-17, Su-24, Su-25, Su-27, Mig-29) et sur une cinquantaine d'hélicoptères; bien entendu, il s'agit là en grande partie d'un héritage de l'armée soviétique.

Trois *Ecoles militaires supérieures* avaient été créées en Ouzbékistan sous le régime soviétique: Ecole Supérieure Interarmes de Tashkent (1924), Ecole Supérieure des Blindés de Tchirtchik (1940), Ecole Supérieure d'Automobiles et d'Ingénierie (Samarkande). Peu après l'Indépendance, ces établissements ont été réorganisés et deux d'entre eux ont été placés, sans tarder, sous le commandement ouzbek: le général-major Vladimir Makhmoudov allait diriger l'Ecole Supérieure Interarmes, et le colonel (ultérieurement général) Youri Agzamov fut placé à la tête de l'Ecole Supérieure des Blindés et d'Ingénierie de Tchirtchik. Des accords de coopération dans le domaine de la formation militaire ont été signés lors de la réunion de la CEI à Minsk, en janvier 1993, par le général-lieutenant Akhmedov pour l'Ouzbékistan et le général d'armée Gratchev pour la Russie.

Désireux d'atténuer ses liens de dépendance vis-à-vis de la Russie et voulant accélérer la formation de ses cadres nationaux, l'Ouzbékistan a créé en 1994 une Académie militaire qui forme des officiers supérieurs. Elle bénéficie d'une assistance des puissances occidentales et jouit d'une excellente réputation: déjà deux ans plus tard, le corps des officiers d'ethnie ouzbèke est passé de 6 % à 80 %. C'est un civil, M. Goulamov, qui fut nommé en octobre 2000 ministre de la défense: il a également dans ses attributions le commandement des Forces du Ministère de l'Intérieur et des Gardes-Frontières.

A part sa mission principale d'assurer la sécurité du pays, l'armée ouzbèke peut être également appelée à jouer un rôle dans le maintien de la sécurité collective, comme ce fut le cas au Tadjikstan où ses détachements ont oeuvré sous l'égide de la CEI. «Dans les conditions modernes, dit le président Karimov, la sécurité peut être exclusivement collective, assurée par les actions conjointes des Etats qui unifient à cette fin leurs possibilités», en ajoutant que «l'Ouzbékistan est prêt et réellement préparé à participer aux opérations de maintien de la paix sous l'égide des Nations Unies et de l'OSCE».[75]

d) Un nouveau contexte géopolitique

La désintégration de l'Union soviétique et l'accession à l'indépendance des républiques d'Asie centrale allaient fondamentalement modifier le contexte géopolitique de l'Asie centrale dans lequel se meuvent désormais ces nouveaux Etats.[76] Pour l'Ouzbékistan, cette nouvelle situation allait poser le problème de la définition de son attitude face à la *Communauté des Etats indépendants* qui a succédé à l'URSS, et naturellement aussi la redéfinition de sa politique face à la *Russie*. Un autre problème était celui des relations avec la *Turquie et l'Iran,* deux puissances qui ont salué l'accession à l'indépendance des cinq

---

[75] Islam Karimov, Uzbekistan on the Threshold of the Twenty-First Century. Tashkent, «Uzbekiston», 1997, p. 143.

[76] Алексей Портанский, Мусульманские республики бывшего Союза мешают политику Востока (Alexey Portanskyi, Les républiques islamiques de l'ancienne Union compliquent la politique dans l'Orient), dans Izvestia, 17 février 1992.

républiques ex-soviétiques de l'Asie centrale, avec lesquelles ils partagent une longue histoire et avec lesquelles ils sont liés par d'authentiques affinités spirituelles, culturelles et linguistiques: quatre de ces nouveaux Etats sont turcophones, tandis que le Tadjikstan est iranophone. Mais naturellement, il ne s'agit pas uniquement d'une rencontre de cultures et de civilisations: la politique a ses droits, et ces deux puissances entendent également accroître leur influence dans la région. Une influence politique, mais aussi économique. Un autre facteur important était celui de l'*Islam* qui allait exercer désormais un poids important sur les options de politique extérieure et intérieure ouzbèke, étant donné notamment la guerre civile du *Tadjikstan* et les événements d'*Afghanistan*. Enfin, c'est également dans ce contexte trouble qu'allait apparaître une nouvelle relation prioritaire, celle avec les *Etats-Unis*: au relâchement des rapports avec la Russie, succédait le renforcement des liens avec l'Amérique, l'Ouzbékistan devenant son allié le plus important de tous les pays d'Asie centrale.

e) La C.E.I. et ses Etats membres. Le traité de Tashkent

C'est tardivement, au Sommet de la CEI à Minsk tenu le 22 janvier 1993, que sept pays de l'ex-URSS, dont l'Ouzbékistan, se sont dotés de la Charte de la Communauté des Etats indépendants, laquelle couvre un immense territoire de plus de 22 millions de km^2, quelque 5.000 km séparant ses frontières occidentales et orientales. Les Etats réunis au sein de la CEI ont un poids politique et un développement économique très inégaux, et s'ils ont beaucoup de points communs et d'intérêts complémentaires légués par la géographie et l'histoire, certaines de leurs spécificités sont difficilement conciliables au niveau communautaire. Aussi, les motivations qui ont guidé ces ex-républiques soviétiques à devenir membres de la CEI n'étaient guère identiques.

Se considérant comme l'héritière (présumée) de l'ex-URSS, la Russie a manifesté dès le début sa volonté de jouer un rôle directeur dans la CEI, ou de s'en servir comme un outil pour retrouver sa position dominante dans l'ancienne Union: dès le début elle a insisté auprès des autres Etats membres sur le maintien d'une armée unie, l'ex-armée soviétique devenant une force commune de la Communauté, [77] et a plaidé pour l'instauration d'un espace économique unique. Ses vues étaient en bonne partie suivis par le président kazakh S. Nazarbaiev, partisan d'une intégration plus poussée au sein de la CEI, mais telle n'était pas l'attitude de la plupart des autres républiques ex-soviétiques: désireuses de consolider leurs fragiles indépendances, elles ne voyaient dans la CEI nouvellement constituée qu'un organisme essentiellement consultatif qui ne devrait en aucun cas empiéter sur les attributions de leurs souverainetés. Elles considéraient la Charte instituant la Communauté comme un instrument d'une séparation pacifique et contrôlée de l'ancienne URSS. [78] Le président du Turkménistan Saparmurat Niyazov dira: «Nous continuons de supporter la Communauté, mais sans organismes coordinateurs autoritaires. Les organismes communs de la CEI doivent être uniquement consultatifs, et leurs décisions également». [79]

---

[77] П. Черненко, О. Одноколенко, Минск: военный Союз возможен. Но какой? (P. Tchernenko & O. Odnokolenko, Minsk: une Union militaire est possible. Mais laquelle?), dans Krasnaya Zvezda, 15 février 1992.

[78] Romain Yakemtchouk, La Communauté des Etats Indépendants - CEI, dans Annuaire Français de Droit International, 1995, pp. 245-280.

[79] Saparmurat Niyazov, Independence, Democracy, Prosperity. Noy Publications, 1994, p. 166.

L'Ouzbékistan a émis lui aussi de nettes réserves vis-à-vis de toute idée de doter la CEI de pouvoirs supranationaux, et se montra désireux de restreindre sa coopération principalement aux problèmes économiques. C'est une question de souveraineté. «Il doit être clair pour tout le monde - indiqua le président Karimov - que si les Communautés en voie de création cherchent à se doter de structures supranationales qui se voient octroyer le droit d'adopter les décisions ayant force exécutoire pour toutes les institutions nationales et de se substituer ainsi aux organes légitimes de chaque pays adhérent, il sera difficile de qualifier ces Etats souverains et indépendants». [80] L'homme d'Etat ouzbek a clairement indiqué dans quelles conditions son pays était disposé à participer à une intégration dans l'espace post-soviétique: «La première condition consiste dans l'acceptation volontaire de l'égalité en droit et du maintien de la souveraineté. La deuxième condition: les Etats qui procèdent à l'intégration doivent avoir à peu près la même base législative et suivre la même ligne dans le domaine des réformes. La troisième condition: on ne doit pas bâtir ses projets aux dépens des autres; c'est-à-dire que le parasitisme est inadmissible. La quatrième condition: on ne doit pas forcer les processus d'intégration. L'intégration est un processus sérieux et de longue haleine. Pour y parvenir, on doit réunir des conditions déterminées. Et la dernière, cinquième condition: l'inadmissibilité de l'idéologisation des processus d'intégration.

On ne doit pas mettre la charrue devant les boeufs. Le schéma selon lequel on crée d'abord les structures supranationales et ensuite on procède à la solution des questions économiques est absolument inacceptable pour nous. Les

---

[80] I.A. Karimov, Laissez l'Ouzbékistan prendre en mains son avenir. Tashkent, «Ouzbekiston», 1996, p. 86.

modalités de création de l'espace économique unique doivent être mûrement réfléchies pour qu'il devienne une réalité». [81]

Telle était également l'attitude d'une série d'autres Etats membres de la CEI. Contrairement à la Russie qui cherchait constamment à renforcer la CEI en essayant de la doter des pouvoirs supranationaux, les autres pays répugnaient cette idée et se montraient réticents à conclure des accords de quelque importance qui les obligeraient en droit. Il s'ensuivit que la CEI allait se confiner dans un rôle consultatif et déclaratoire de telle sorte que les réunions des chefs d'Etat et de Gouvernement ont perdu beaucoup en efficacité: formalistes et planant au-dessus des réalités, elles conduisaient à l'adoption d'un grand nombre de documents dont très peu n'ont reçu ne fût-ce qu'un début d'exécution. Sur quelques 1.300 engagements multilatéraux, dont 130 seulement étaient adoptés par douze Etats membres, seuls sept ont été ratifiés par l'ensemble des signataires. [82]

Les problèmes de sécurité ont fait exception à ces réticences, tout au moins lors des premières années d'indépendance, au cours desquelles les républiques centre-asiatiques n'étaient pas en mesure d'assurer leur défense de façon autonome. Après avoir signé le 14 février 1992, avec neuf autres pays membres de la CEI, l'accord sur le Statut des Forces stratégiques, l'Ouzbékistan adhéra au *Traité de défense collective* qui fut signé à Tashkent, le 15 mai 1992, entre la

---

[81] Ibid., p. 110. Et d'ajouter: «Les documents adoptés dans le cadre de la CEI constituent une base suffisante pour l'intégration. Mais que se passe-t-il? N'essayant pas de mener l'affaire à terme, de réaliser tout ce qui a été prévu par ces documents, nous les rejetons d'emblée et cherchons à créer de nouvelles et de nouvelles unions. On a l'impression de participer à une sorte de jeu de l'intégration dont on n'en voit pas la fin» (p. 111).

[82] Youri Roubinski, Les Eclats de l'empire ou la Communauté des Etats indépendants (CEI). Paris, Les Cahiers de l'IFRI, 2001, pp. 20-21.

Russie, le Kazakhstan, l'Arménie, le Tadjikstan, le Turkménistan et l'Ouzbékistan; ultérieurement, y adhérèrent l'Azerbaïdjan (24 septembre 1993), la Géorgie (9 décembre 1993) et la Biélorussie (31 décembre 1993). Tout en prônant un commandement unifié des forces stratégiques de la CEI, une politique militaire commune concernant leur espace stratégique unifié, et une coopération pour la protection conjointe des frontières extérieures, ce Traité n'a pas créé les structures d'un commandement suprême unique. Néanmoins, ces stipulations impliquent un certain nombre d'obligations contraignantes. Les Etats signataires se sont engagés à s'abstenir dans leurs relations de tout recours à la force, et à régler leurs différends par la voie pacifique. Ils n'entreront pas dans une alliance militaire ou dans un groupement inter-étatique dont les activités sont tournées contre un Etat signataire du Traité (Art. 1, § 2). Ils se consulteront mutuellement sur des questions de sécurité internationale qui touchent à leurs intérêts (Art. 2, § 1). Une agression contre un Etat membre sera considérée comme une agression contre tous les Etats signataires du Traité (Art. 4, § 1); le cas échéant, ces derniers lui fourniront une aide, y compris une aide militaire. Parmi les documents complétant ce Traité, l'Ouzbékistan a signé l'accord sur la non-prolifération des armes chimiques (15 mai 1992), [83] l'accord relatif à la prévention d'une attaque par missiles et le contrôle de l'espace cosmique (6 juillet 1992), l'accord relatif à l'espace aérien (10 février 1995); il n'a pas adhéré au Protocole relatif aux Forces conventionnelles.

---

[83] Si avant l'Indépendance, les autorités soviétiques n'avaient pas déployé des armes nucléaires sur le territoire ouzbek, elles ont néanmoins érigé sur l'île de Vozrozhdenie, dans la mer d'Aral, des installations qui hébergeaient des armes biologiques et chimiques. Les Soviétiques y ont mené des expériences sur les différentes bactéries.

Le 20 avril 1999, l'Ouzbékistan, l'Azerbaïdjan et la Géorgie ont refusé de prolonger leur adhésion au Traité de Tashkent. Pouvait-on expliquer cette décision comme une réaction «pour protester contre la politique russe au Tadjikstan et la marginalisation de ses alliés de la région de Léninabad»? [84] On a également fait valoir, que l'Ouzbékistan étant membre du Mouvement des Non-Alignés, ne peut pas faire partie des blocs politico-militaires. Quoi qu'il en soit, cela présageait un nouveau rapprochement avec les Etats-Unis et l'OTAN.

L'Ouzbékistan a adhéré à l'accord multilatéral relatif à la répartition des actifs de l'URSS à l'étranger (6 juillet 1992), qui lui attribua 3,27 % du total des actifs ex-soviétiques à l'étranger, contre 61,34 % à la Russie. Le Kazakhstan s'est vu attribuer 3,86 % du total, le Kirghizstan 0,95 %, le Tadjikstan 0,82 % et le Turkménistan 0,70 %. Cet accord n'ayant réglé qu'une partie des problèmes successoraux relatifs à la disparition de l'URSS, d'autres questions allaient être réglées par voie bilatérale.

Comme les autres pays signataires de la Charte constitutive de la CEI, l'Ouzbékistan a signé un nombre considérable de documents adoptés sous son égide, dont la plupart n'ont jamais donné lieu à la moindre exécution. Il continue à assister aux réunions des organes de cette Organisation, mais sans trop d'empressement: élu président du Conseil des chefs de Gouvernements pour 1998, le premier ministre ouzbek U. Soultanov s'est abstenu d'assister à leur réunion de novembre, et fut remplacé à sa présidence par le russe E. Primakov...

---

[84] Patrick Karam, Asie centrale. Le Nouveau Grand Jeu. Paris, L'Harmattan, 2002, p. 188.

f) Relations avec la Russie

Les relations avec son ancienne puissance tutélaire revêtent pour l'Ouzbékistan une importance primordiale: la Russie reste toujours présente dans toute l'Asie centrale tant politiquement qu'économiquement et elle joue dans ce «proche étranger» un rôle important sur le plan de la sécurité et des communications. La population russe constitue la minorité la plus importante du pays et la Russie détient des participations dans un grand nombre d'entreprises industrielles et commerciales d'Ouzbékistan; elle occupe toujours la première place dans les importations et les exportations ouzbèkes: *grosso modo* entre 15 et 16,5 % du total, soit près d'un milliard de $ en 2001. Elle a besoin pour son industrie nucléaire de l'uranium ouzbek et pour son industrie textile, du coton ouzbek. Après quelques années creuses, où les livraisons à la Russie de l'or blanc restèrent suspendues, celle-ci a repris ses achats de coton en Ouzbékistan et le paie au prix mondial.

Ce maintien d'importantes relations économiques et d'une certaine coopération en matière de sécurité ne doit pas cacher le fait que depuis son accession à la souveraineté internationale, l'Ouzbékistan a cherché à diminuer sa dépendance de fait par rapport à la Russie en diversifiant ses relations extérieures et en prenant une série de mesures devant conduire au relâchement progressif de ses liens avec l'ancienne puissance tutélaire. Telle n'était pas l'attitude de la Russie qui a constamment cherché à ne pas surestimer ces divergences et a poursuivi une politique de rapprochement. Dans son intervention du 22 septembre 1992 à l'Assemblée générale des Nations Unies, le ministre russe des Affaires étrangères, A. Kozyrev, assura que la Fédération de Russie avait formé avec l'Ouzbékistan - comme d'ailleurs aussi avec l'Ukraine, la Biélorussie et le Kazakhstan - un partenariat stratégique.

Le traité russo-ouzbek du 30 mai 1992 a jeté les bases de la coopération entre les deux pays, qui est régie par la clause de la nation la plus favorisée. Il fut complété par l'accord du 13 novembre 1992 portant sur les relations commerciales, et ensuite par une série d'accords annuels et plus de deux cents protocoles relatifs à des secteurs de coopération déterminés: à l'exploitation et le raffinement du pétrole et du gaz naturel, au développement du réseau de transports, à l'accroissement de la production agricole, à la fourniture de produits alimentaires et de biens de consommation, etc. L'accent était mis notamment au renforcement des relations directes entre les entreprises russes et ouzbèkes technologiquement évoluées dont les produits ont une haute valeur ajoutée.

L'Ouzbékistan signa le 2 mars 1994 un traité bilatéral de coopération militaire avec la Russie, mais il limita cette coopération à la production d'armements, leur exportation, la formation des cadres, l'utilisation des structures de défense antiaérienne. Il a toujours refusé la présence des soldats russes sur son sol. Comme déjà noté, en limitant ses liens de coopération militaire avec la Russie au strict nécessaire l'Ouzbékistan s'orientera vers le renforcement de ses relations avec les Etats-Unis: l'intervention américaine en Afghanistan lui offrira une occasion pour concrétiser ses nouveaux liens.

Le 27 juillet 1995, les deux pays signaient un accord créant le consortium aéronautique *Ilioushine* qui associa deux importantes usines d'aviation russes avec l'usine aéronautique ouzbèke de Tashkent et en mai 1998, ce groupe entama la construction des avions de transport *Ilioushine 76 MF* et *Ilioushine 78*.

C'est également en mai 1998 qu'Islam Karimov s'est rendu à Moscou où il signa un traité avec la Fédération de Russie et le Tadjikstan, par lequel les parties signataires s'engagèrent à lutter de concert contre le fondamentalisme religieux terroriste. De toute évidence, les deux pays étaient ici sur la même longueur d'onde: contrairement à d'autres pays de la CEI, l'Ouzbékistan n'a pas formellement condamné les mesures répressives russes en Tchétchénie. A son tour, Boris Eltsine visita Tashkent les 11-12 octobre suivants, où il signa avec ses partenaires ouzbeks un traité portant sur la coopération économique entre les deux pays pour la période 1998-2007. Avant de succéder à Eltsine comme président, le premier ministre Vladimir Poutine est venu à Tashkent en décembre 1999, où il signa un accord sur «l'approfondissement ultérieur de la coopération multiforme dans le domaine militaire et technique», prévoyant notamment les fournitures d'armements russes et leur production en commun. Il est revenu en visite en Ouzbékistan, en mai 2000, cette fois en tant que président de la Fédération de Russie. Pour certains observateurs, « la Russie, indifférente aux droits de l'Homme, offrait donc contrairement à Washington, plus embarrassé dans ce domaine, un soutien compréhensif à la politique répressive de Karimov, en échange d'un rapprochement ».[85] Des accords militaires signés en juin 2000 ont prévu, entre autres, l'entraînement du personnel ouzbek en Russie ; une mission militaire russe s'étant rendue à Tashkent en mars 2001, des arrangements ont été conclus en ce qui concerne des livraisons militaires russes contre des fournitures du gaz et du coton ouzbeks.

A son tour, le président Karimov visita Moscou les 3-5 mai 2001 où il redemanda l'appui de la Russie dans sa lutte contre l'extrémisme islamiste. Les commentateurs de l'Union européenne en ont déduit que «Uzbekistan's distancing from Russia seems to be less accentuated at present, due largely to

[85] Mohammad-Reza Djalili & Thierry Kellner, Géopolitique de la Nouvelle Asie centrale. De la fin de l'URSS à l'après-11 septembre. Paris, Presses Universitaires de France, 3e éd., 2003, pp. 400-401.

their fear of Islamic fundamentalism, the election of Vladimir Putin to Russian Presidency and the increasing importance of Russia as an economic player in the region».[86]

La naturalisation depuis l'indépendance de l' administration ouzbèke et de son économie s'est traduite par l'accès de nombreux ressortissants ouzbeks à des postes détenus antérieurement par des Russes, à telle enseigne que l'indépendance fut suivie par un important exode de la population russophone

A la veille de son accession à l'indépendance, il y avait en Ouzbékistan 1.653.000 ressortissants russes, soit 8,3 % de sa population. En 1930, les Russes n'étaient dans ce pays que 257.000, en 1939 ils étaient déjà 727.000, 1.091.000 en 1959 et 1.473.000 en 1970. Les ressortissants russes jouaient également un rôle important au sein du Parti communiste ouzbek: en 1990, ils représentaient 13,6 % de ses effectifs (pour seulement 8,3 % de la population du pays), contre 16,7 % en 1981, 22,9 % en 1960 et 16,8 % en 1934 . Avec l'indépendance, cette situation a changé considérablement: la population russe est passée en quelques années de 8,3 % à environ 6 %, soit près de 600.000 départs. Cette situation n'était pas propre à l'Ouzbékistan, elle s'est manifestée dans tous les pays d'Asie centrale: selon un sondage réalisé à Moscou, 37 % des Russes d'Asie centrale souhaitaient quitter ces pays avant la fin de 1992. Pour la plupart, les gens retournaient en Russie par le manque de perspectives économiques, car à l'exception des secteurs requérant la haute technologie, et partant la présence des experts et des cadres étrangers qualifiés, l'économie du pays allait se naturaliser, les postes d'exécution, voire de direction étant désormais confiés de préférence aux ressortissants nationaux.

---

[86] External Relations. The EU's relations with Uzbekistan - Overview, July 2001.

Hostiles au départ des techniciens étrangers dans les secteurs prioritaires du pays qui allaient créer un vide économique préjudiciable, les autorités ouzbèkes n'ont pas voulu imposer des départs forcés et se sont abstenues de légaliser des contraintes juridiques: contrairement à ce qui s'est passé par exemple en Lettonie où le réflexe anti-russe allait être revêtu d'une force de loi, le décret gouvernemental du 28 juillet 1992 a garanti la nationalité (citoyenneté) ouzbèke à tous les habitants du pays qui s'y trouvaient au moment de son Indépendance, sans distinction de leurs origines nationales ou sociales, de race, sexe, éducation, langue ou vues politiques. Néanmoins, le président Karimov a refusé la demande du ministre des Affaires étrangères André Kozyrev d'accorder une double nationalité aux ressortissants russes: tous les habitants russophones d'Ouzbékistan ont été déclarés citoyens du nouvel Etat indépendant, mais sans pouvoir prétendre à une double nationalité. Toutefois, cette tolérance gouvernementale n'a pas pu empêcher l'exode d'une bonne partie des populations russophones lequel s'est poursuivi.

Un autre fait marquant dans cette problématique allait être l'exaltation de la *langue ouzbèke* comme facteur d'identité nationale et un symbole essentiel de l'indépendance. Tout en admettant que la connaissance du russe était devenue une nécessité vitale pour tous les citoyens de la république, les dirigeants ouzbeks ont toujours affirmé que la diffusion du russe n'implique nullement une «russification» et l'effacement de la langue ouzbèke. A la veille de l'Indépendance, les universités ouzbèkes avaient dans leurs programmes d'enseignement tant le russe que l'ouzbek: à l'université de Tashkent, il y avait une faculté de philologie russe, mais aussi une faculté de philologie ouzbèke, l'université de Samarkande avait une faculté de philologie russe et aussi une faculté de philologie ouzbèke et tadjik, et à l'université de Nukus fonctionnait à côté de la faculté de langue et de littérature russes, la faculté de langue et de la littérature karakalpak, ouzbèke et kazakh. Deux journaux étaient édités à Tashkent en ouzbek: *Sovet Uzbekistoni* et *Uzbekiston mandaniiati*, à quoi s'ajoutaient des publications périodiques comme *Partia turmushi, Sovet Uzbekisstoni sanjati, Uzbekiston kommunisti* et *Shark iulduzi*.

Or, dès le 20 octobre 1989, le Soviet Suprême d'Ouzbékistan conférait à la langue ouzbèke le statut de langue officielle, lequel fut confirmé par la Constitution du 8 décembre 1992, tandis que la loi du 21 décembre 1995 imposa l'usage de l'ouzbek pour la rédaction des documents officiels de l'Etat et de l'administration (Art. 8), leur traduction (en russe) n'étant envisagée en principe qu'à titre subsidiaire. Rien n'a été fait en ce qui concerne un éventuel retour au turc et au persan qui étaient pratiquées en Asie centrale avant l'arrivée des Soviétiques. Une commission gouvernementale fut chargée de la mise en oeuvre de cette réforme fondamentale qu'on croyait pouvoir réaliser au bout d'une période de huit ans, mais la tâche s'avéra trop lourde, trop compliquée, et il a fallu rapidement déchanter. Tant dans l'administration que dans les entreprises d'Etat, dans la presse ou dans les universités, le recours à l'ouzbek tarda et l'emploi du russe s'est largement maintenu. L'introduction généralisée de la langue ouzbèke comme matière obligatoire dans les écoles ne s'opérait que graduellement, au fur et à mesure de l'impression de nouveaux manuels scolaires, et ailleurs, le russe continuait à y être enseigné. Conscientes de ces difficultés, les autorités gouvernementales se sont montrées tolérantes au maintien d'un plurilinguisme de fait, et par ailleurs, le russe leur sert toujours comme langue de communication dans leurs relations officielles avec les républiques de l'ex-Union soviétique: après tout, contrairement L'abandon en septembre 1993 du *cyrillique* pour l' *alphabet latin* fut une autre tentative pour rompre avec le passé politique jugé discriminatoire, mais là-aussi l'opération s'avéra beaucoup plus ardue que prévue: le cyrillique continue à être largement employé dans les écoles, dans la presse et dans les éditions et les personnes âgées éprouvent quelque peine à se conformer à cette nouvelle réglementation. En principe, l'étape transitoire de cette opération devrait s'achever en l'an 2005.

En fait, la modernité de la société et la place que jouent les hautes technologies dans l'économie contemporaine constituent une puissante barrière à des naturalisations linguistiques: d'autres pays ex-coloniaux qui ont tenté cette opération à l'occasion de leur accession à l'indépendance - l'Inde ou les Etats francophones ou lusophones d'Afrique - connaissent parfaitement leurs limites. Si l'on voulait introduire à tout prix une langue du pays dans un secteur comme celui de la science médicale, de l'informatique, de la construction aéronautique ou de la physique nucléaire, il faudrait inventer (artificiellement) des milliers et des milliers de nouveaux mots, pratiquement toute une nouvelle langue, car avant l'introduction du russe, la langue autochtone, en l'occurrence ouzbèke, ne les connaissait pas. Ce n'est pas très commode, c'est extrêmement difficile. Il se fait donc que dix ans à l'Ouzbékistan, le Kazakhstan a érigé en 1995 la langue russe au niveau de langue officielle, et ce fut également le cas du Kirghizstan où depuis mai 2000 le russe est avec le kirghize la langue officielle du pays.

Après cette décision gouvernementale, le russe reste toujours en Ouzbékistan la principale langue véhiculaire, la naturalisation linguistique voulue par les autorités gouvernementales ne pouvant se faire que progressivement.[87]

---

[87] Johann Uhres, Ouzbékistan. Une langue officielle difficile à imposer, dans Le courrier des pays de l'Est, N° 1018, septembre 2001, pp. 18-26. W. Fierman, Problems of language law implementation in Uzbekistan, dans Nationalities Papers, 1995, Vol. 23, N° 3.

g) La coopération centre-asiatique

Les premières tentatives d'organiser une certaine coopération régionale datent de la période précédant l'indépendance des républiques centre-asiatiques.

Sur l'invitation du premier secrétaire du PC du Kazakhstan N. Nazarbaiev, les dirigeants des PC de ces pays se sont réunis le 23 juin 1990 à Alma-Ata pour discuter de leurs problèmes communs: le Parti turkménistanais fut représenté par S. Niyazov, le Parti tadjik par K. Makhkamov, le Parti ouzbek par I. Karimov et le Parti kirghiz par A. Masaliev. Le président kazakh relate que certains ont considéré cette rencontre «d'un oeil méfiant: n'y préparait-on pas quelques jeux séparatistes? Mais, en ce qui nous concerne, les buts et les espoirs attachés à cette rencontre étaient tout différents. Ce qui avait amené nos voisins dans la capitale du Kazakhstan, c'est d'abord l'inquiétude devant les manifestations de la crise économique, le souhait d'endiguer par des efforts communs la menace de la désagrégation des liens économiques, le désir bien naturel de tenir et de survivre dans le chaos ambiant. ... L'entente conclue à Alma-Ata entre cinq républiques-soeurs a donné l'élan à l'élaboration ultérieure des liens économiques transversaux, sur la base des accords avec la Biélorussie, l'Ukraine, la Russie. Et si lors de cette rencontre d'Alma-Ata, nous avons poursuivi un but politique, il consistait uniquement en ceci: les peuples de cet immense espace, voisins depuis des siècles, unis par le même destin historique, doivent vivre dans la paix et la sérénité». [88]

L'année suivante, les dirigeants des cinq républiques allaient se réunir à Tashkent, et ensuite à Ashkabad afin de fixer

---

[88] Noursoultan Nazarbaiev, Sans Droites ni Gauches. Lausanne, Ed. L'Age d'Homme, 1993, pp. 191-193.

leur attitude face aux décisions prises par les trois républiques slaves à Minsk. En janvier 1993, il fut décidé que, contrairement à la pratique soviétique, le Kazakhstan faisait partie intégrante de la région d'Asie centrale.

L'Ouzbékistan s'est montré dès le début favorable à un certain *rapprochement régional,* en évitant cependant toute adhésion à des structures supranationales. Tout en oeuvrant au sein de la CEI et dans le contexte des organisations centre-asiatiques, il a également tenu à développer prioritairement ses relations bilatérales. Un traité d'amitié et de coopération a été signé le 24 juin 1992 avec le Kazakhstan, et le 29 septembre 1992 avec le Kirghizstan. A l'occasion de la visite du président Karimov à Ashkabad, un traité d'amitié et de coopération fut signé en janvier 1996 avec le Turkménistan: il traite également des questions culturelles et éducatives.

Les 22-23 avril 1992, les présidents des cinq Etats d'Asie centrale se sont réunis, en présence d'Andreï Kozyrev, ministre russe des Affaires étrangères, à Bichkek (Kirghizie) afin de créer les structures d'une coopération économique à cinq. Des documents appropriés ont été signés à cet effet par les participants, à l'exception du Turkménistan. Le président Karimov a pris l'initiative d'une autre rencontre entre les Cinq, le 4 janvier 1993 à Tashkent. On y a discuté la création éventuelle d'un «marché commun» centre-asiatique au sein duquel les Etats membres auraient une même politique en matière de fiscalité, de douanes, de prix, d'investissements et d'exportations; en fait, on se proposait de réglementer les échanges commerciaux en procédant à une réduction des droits de douane, sans pour autant mettre en place un tarif extérieur commun. D'autres projets avaient trait à la mise en place d'une chaîne de télévision commune émettant depuis Tashkent, la publication d'un quotidien commun à Alma-Ata, etc., mais il s'avéra rapidement que ces initiatives n'avaient qu'un caractère déclaratoire, on n'y était pas prêt: en fait, les autorités gouvernementales se proposaient d'exercer un étroit contrôle sur les systèmes d'information appelés à les servir.

Quoi qu'il en soit, les présidents Karimov et Nazarbaiev décidaient le 10 janvier 1994 de créer une Union économique entre leurs deux pays et quelques mois après le Kirghizstan s'est joint à cette initiative. En juillet 1994, l'Ouzbékistan, le Kazakhstan et le Kirghizstan créaient une *Banque de coopération et de développement de l'Asie centrale* chargée de financer des projets communs, entre autres la réhabilitation d'un corridor routier et ferroviaire entre Ferghana et Kachgar (Chine), en passant par Irkeshtam ou Torrougart en Kirghizstan.[89]

L'Union économique des trois républiques d'Asie centrale s'est dotée en 1995 d'un Conseil interétatique appelé à gérer leur coopération économique, et le président Karimov est revenu à cette occasion sur son idée évoquée déjà plus d'une fois, de la constitution dans la région centre-asiatique d'un nouveau Turkestan: il l'a développée le 5 mai 1995 devant le Parlement ouzbek. En attendant, la *Communauté économique centre-asiatique (CECA)* allait s'aggrandir: depuis 1998, elle comprenait quatre pays membres: l'Ouzbékistan, le Kazakhstan, le Kirghizstan et le Tadjikstan. Aux termes d'un accord du 17 mars 1998, il a été convenu d'organiser une gestion commune des ressources en eau, une tâche qui allait poser pas mal de problèmes, plus spécialement, on a assisté au non-respect des quotas attribués à chaque Etat centre-asiatique pour les bassins de l'Amou-Daria et du Syr-Daria. [90] Il avait été noté que

---

[89] Gaël Raballand, L'intégration économique en Asie centrale, dans Le courrier des pays de l'Est, janvier 2001, pp. 51-52.

[90] En 2000, ces quotas (en %) étaient les suivants:

«Uzbekistan did not react with much enthusiasm to the initiative (in spring 2000) of the Foreign Minister of the United Kingdom, Robin Cool, seeking to outline a strategic approach to the problem of water in Central Asia, under the auspices of the OSCE».[91] Lors de leur réunion à Tashkent, le 28 décembre 2001, les présidents de quatre Etats-membres ont décidé de transformer la CECA en une *Organisation de coopération centre-asiatique.*

En même temps, le président Karimov a décliné l'invitation du gouvernement russe d'adhérer au Traité d'Union douanière conclu le 20 janvier 1995 entre la Russie, la Biélorussie, le Kazakhstan et (depuis 1996) le Kirghizstan; il a estimé que ce Traité créait des structures supranationales incompatibles avec la souveraineté ouzbèke. Le Tadjikstan a rejoint cette Union en 1998.

L'Iran, le Pakistan et la Turquie ont décidé en 1964 de créer une organisation régionale pour le développement économique qui a trouvé sa sanction dans le traité d'Izmir. Ce dernier fut amendé en 1990 pour donner à cette organisation le nom d'*Organisation de coopération économique.* Le 22 novembre 1992, l'Afghanistan, l'Azerbaïdjan, le Kazakhstan, le Kirghizstan, l'Ouzbékistan et le Turkménistan ont adhéré au traité de Smyrne, et peu après ils ont été suivis par le Tadjikstan.

	Amou-Daria	Syr-Daria
Kazakhstan	0	42
Kirghizstan	0,29	0,5
Ouzbékistan	42,27	50,5
Tadjikstan	15,17	7
Turkménistan	42,27	0

Cfr. Gaël Raballand, Bataïlles pour l'eau en Asie centrale, dans Le Courrier des pays de l'Est, août 2002, p. 20.

[91] External Relations. The EU's relations with Uzbekistan - Overview, July 2001.

L'OCE qui compte désormais dix membres, s'est donnée pour objectifs:

a) Etendre les échanges commerciaux entre les Etats membres par l'ouverture des marchés;

b) Encourager, dans chaque Etat membre, les conditions d'une croissance économique soutenue afin d'améliorer régulièrement le niveau de vie de la population;

c) Affermir les affinités culturelles et les liens spirituels et fraternels qui unissent les peuples des Etats membres par l'échange d'idées et par l'action sociale et culturelle, et

d) Contribuer à la croissance du commerce mondial et s'efforcer d'éliminer les politiques commerciales «iniques» qui dégradent les termes de l'échange des pays en développement, en élaborant une démarche commune dans les instances internationales.

Farid A. Maqsudi, chargé d'affaires d'Ouzbékistan auprès des Nations Unies, s'est joint le 29 avril 1993 aux neuf représentants des Etats membres de l'OCE pour demander l'octroi à celle-ci du statut d'observateur auprès de l'Assemblée générale. [92]

Peu à peu, l'ECO affina ses programmes en se proposant d'agir en vue de la réduction des droits de douane, l'accroissement des investissements par la création d'une banque d'investissements, la création d'une compagnie aérienne unifiée, la mise en place d'un système communicationnel par satellites, etc, et elle prend également des positions face à des problèmes politiques. Les considérations idéologiques et politiques n'étaient pas absentes elles non plus. Plusieurs Etats membres de l'Organisation étaient d'avis que l'ECO permettrait d'intensifier les relations entre les pays qui partagent les valeurs religieuses et

[92] Nations Unies, Assemblée générale, A/48/141, 29 avril 1993.

culturelles islamiques, et ont émis l'espoir que l'Organisation devienne un important facteur sur le théâtre de la politique régionale et mondiale. La longue guerre d'Afghanistan et la guerre civile au Tadjikstan allaient entraver la réalisation de cet ambitieux dessein. Réunis les 6-7 juillet 1993 à Istanbul au 2e Sommet de l'Organisation, ses Etats membres ont condamné «l'agression arménienne contre l'Azerbaïdjan». [93]

Le sommet extraordinaire de l'OCE, qui s'est tenu à Ashkabad les 13 et 14 mai 1997, a adopté un ambitieux programme de *développement de l'infrastructure des transports et des communications et du réseau de pipelines transnationaux*. Les Etats membres se sont proposés de prendre des mesures pour achever la mise en place des liaisons routières et ferroviaires permettant à l'Afghanistan, à l'Azerbaïdjan et aux cinq pays d'Asie centrale d'accéder à des installations portuaires en Iran, au Pakistan et en Turquie, et de donner une priorité spéciale aux routes de transit qui relient le Kazakhstan, le Kirghizstan, le Tadjikstan, le Turkménistan et l'Ouzbékistan, par l'Afghanistan, aux ports de Karachi et de Gwadar. Les Etats participants ont réaffirmé la nécessité de la mise en place et l'exploitation du chemin de fer trans-asiatique Istanbul –Téhéran – Mashhad – Sarakhs – Tejan – Charjev – Tashkent – Almaty – Aktogai - Durzbha, connu sous le nom de «chemin de fer de la soie»; il faudrait une coopération étroite entre les Etats membres de l'OCE en vue de la fabrication et de la réparation de locomotives, de voitures de voyageurs, de wagons de fret, de conteneurs et autres équipements ferroviaires.

Le sommet extraordinaire était également d'avis qu'il y aurait peut-être lieu d'envisager la création éventuelle de consortiums régionaux chargés de construire l'oléoduc passant par le Kazakhstan, l'Ouzbékistan, le Turkménistan,

[93] Nations Unies, Conseil de sécurité, S/26067, 12 juillet 1993.

l'Afghanistan et le Pakistan, ainsi que le gazoduc Ouzbékistan-Turkménistan via l'Afghanistan vers le Pakistan. Le gouvernement d'Ashkabad a proposé la construction d'un nouveau gazoduc partant du Turkménistan vers l'Asie centrale via l'Ouzbékistan, le Kirghizstan et le Kazakhstan.

Le *Forum de Shanghai,* constitue une autre Organisation de coopération régionale. Ayant dû combattre en août 1999 et en 2000 des incursions de fondamentalistes islamistes entraînés en Afghanistan, l'Ouzbékistan adhéra en juin 2001 à cette *Organisation de Coopération de Shanghaï (OCS),* créée en 1996 à l'initiative de Pékin, par la Chine, la Russie, le Kazakhstan, le Kirghizstan et le Tadjikstan pour lutter contre le terrorisme et l'extrémisme politique ; depuis 1998, l'Ouzbékistan y avait le statut d'observateur. Le président Karimov a tenu à préciser que cette adhésion à l'OCS n'impliquait nullement une quelconque option militaire, son pays étant catégoriquement opposé à une politique des « blocs politico-militaires ».

Les 6-7 juin 2002, le Sommet de St.-Petersbourg a adopté la Charte de cette Organisation ainsi qu'une Déclaration précisant les modalités de coopération interrégionale dans la lutte anti-terroriste. A la même occasion, il a réaffirmé la volonté des six Etats membres d'engager une lutte sans merci contre la contrebande d'armes, le trafic des stupéfiants, le blanchissement illégal de l'argent et la criminalité organisée. Le président Karimov qui a assisté à cette réunion, s'est félicité de ces bonnes intentions et de ce programme, tout en regrettant que très peu de progrès ont été réalisés jusqu'ici par la communauté internationale dans la lutte contre le fléau de la drogue: beaucoup de déclarations, a-t-il dit, peu de réalisations.[94]

---

[94] Narodnoe Slovo (Tashkent), 11 juin 2002.

Les quatre républiques centre-asiatiques regrettent le peu d'empressement du *Turkménistan* d'adhérer aux différentes initiatives de coopération régionale, mais en fin de compte elles s'en accomodent. Pour ce qui est des Ouzbeks qui ont cohabité avec les Turkmènes pendant des siècles, ces deux peuples se connaissent et se respectent, et les deux présidents, Karimov et Niyazov, n'ont jamais manqué une occasion pour le souligner. Répondant en avril 1993 à une question d'un journaliste ouzbek, l'homme d'Etat turkménistanais s'est dit confiant: «Depuis les temps immémoriaux, nous étions des voisins du peuple ouzbek. Nous apprécions son assiduité et ses bonnes dispositions. En parlant des liens actuels avec l'Ouzbékistan, nous sommes certains de rester fidèles aux relations amicales et fraternelles qui trouvent leur source dans le passé. Nous poursuivons les mêmes voies et partageons les destins similaires. Nous restons en termes amicaux avec notre voisin, comme d'ailleurs avec le reste du monde. Concrètement, nous avons réalisé des liens familiaux avec les Ouzbeks, plusieurs mariages mixtes ont fort bien réussis. On peut dire la même chose en ce qui concerne les Turkmens qui résident dans votre pays. Nous n'avons pas de désaccords ou de contradictions. Nous songeons à de nouvelles opportunités dans notre coopération économique». [95]

Or la politique de rapprochement de S. Niyazov avec l'Iran a suscité déjà en 1992 des réserves du président Karimov, et le refus du «Turkmenbachi» - le guide des Turkmens - de participer au maintien de la paix au Tadjikstan ne fut pas apprécié par les dirigeants des républiques voisines intéressées dans le règlement du conflit tadjik. Il faut ajouter que le Turkménistan a adopté ces derniers temps un modèle de développement qui ne correspondait pas entièrement aux principes qui guident la politique de Tashkent, plus spécialement,

---

[95] Saparmurat Niyazov, Independence, Democracy, Prosperity, op. cité, pp. 179-180.

se prévalant de sa politique de neutralité engagée dès 1995 [96], il avait maintenu de bonnes relations avec les Talibans lorsque ces derniers étaient présents en Afghanistan: sans pourtant les reconnaître officiellement, le président S. Niyazov espérait qu'une reconnaissance internationale de leur régime faciliterait la mise en place d'un gazoduc acheminant le gaz turkmène au Pakistan et en Inde en traversant le territoire afghan. Aux yeux des autorités ouzbèkes, cette situation ne devait cependant pas entraver les relations entre les deux pays qu'on voulait amicales. Mais certains problèmes demeurent. Déjà en août 1989 les deux présidents ont discuté la question de la pollution d'Amou Daria, mais ce fut sans résultats notables. Les prélèvements turkmènes d'eau d'Amou Daria - près de 27 % - empêchent désormais ce fleuve d'atteindre la mer d'Aral, et cette politique apparaît à certains comme un élément de division en cette matière, si importante, de la gestion des eaux de la région.

La bonne foi des républiques centre-asiatiques pour mettre en place une certaine coopération régionale n'est certes pas absente, mais les options politiques et les intérêts économiques de ces pays paraissent trop divergents pour aboutir dans ce domaine à des résultats tangibles. Leurs différends les divisent plus que leurs affinités ne les unissent. Alors qu'il n'existait pas dans ces pays une délimitation stricte des frontières, de nombreux conflits frontaliers ont éclaté après l'Indépendance: or, comme le notait I. Karimov dans son intervention à la 48ème Assemblée générale des Nations Unies le 28 septembre 1993, «un conflit éclaté dans tout point menace de

---

[96] Le 12 décembre 1995, l'Assemblée générale des Nations Unies a voté une résolution reconnaissant la neutralité permanente du Turkménistan. Amendée le 27 décembre de la même année, la Constitution turkmène proclama que «le Turkménistan ne participera pas aux blocs militaires, aux alliances ou aux unions interétatiques comportant de strictes obligations ou instituant une responsabilité collective de ses participants».

s'étendre à toute la région». La gestion conjointe des ressources aquatiques, vitale pour la bonne marche des économies centre-asiatiques, présente de sérieuses déficiences, au même titre d'ailleurs que la gestion des ressources énergétiques: est-ce pour obtenir une augmentation des tarifs que fut interrompu en novembre 1994 le transit du gaz turkmène par l'Ouzbékistan en direction de la Géorgie? Faute d'avoir été payé comme convenu pour ses prestations, c'est à plus d'une reprise, que l'Ouzbékistan avait suspendu ses livraisons de gaz au Kirghizstan, lequel à son tour a réduit, par mesure de rétorsion, l'approvisionnement des Ouzbeks en eau. Une situation semblable s'est produite entre le Kazakhstan et le Kirghizstan: le premier n'ayant pas honoré ses engagements en matière de livraison de charbon, il fut privé par son voisin des fournitures d'énergie électrique et d'eau. Ce n'est qu'en mars 2002 qu'un accord a été signé entre l'Ouzbékistan et le Kirghizstan en ce qui concerne la distribution conjointe d'eau et d'énergie; il avait été noté que Tashkent pourrait éventuellement participer financièrement au fonctionnement du système aquatique kirghiz de Toktogoul.

La politique financière et monétaire fut elle-aussi l'objet de critiques: alors qu'à l'origine il était question de créer une monnaie centre-asiatique commune, ce projet fut abandonné, chaque pays s'engageant dans des options séparées qui paraissaient mieux correspondre à ses intérêts: le Kazakhstan a adopté la tenga, le Turkménistan le menat, l'Ouzbékistan le soum et le Kirghizstan le som. A cela s'ajoutent certaines rivalités, notamment entre l'Ouzbékistan et le Kazakhstan, pour jouer en Asie centrale le rôle de puissance dominante: non sans raison,Tashkent se dissocia de certaines attitudes du président Nazarbaiev. Tout cela fait que pour le moment, la séduisante idée d'un Turkestan à cinq n'est qu'un mirage: une véritable solidarité centre-asiatique n'est pas encore une réalité, elle n'est qu'un voeu et un idéal.

h) Contestations de frontières

La désintégration de l'URSS et la formation des nouveaux Etats en Asie centrale ont mis en lumière la fragilité des délimitations territoriales effectuées sous l'ancien régime: plusieurs *contestations de frontières* allaient surgir entre ces républiques qui se sont appliquées à définir juridiquement de nouvelles délimitations territoriales.

Il est exact qu'en optant pour la création dans cette immense région pluriethnique et plurilinguistique de cinq républiques fédérées distinctes, le pouvoir soviétique avait tracé leurs frontières plus ou moins arbitrairement, sur cartes, en l'absence de données ponctuelles crédibles qui étaient d'ailleurs à l'époque difficilement disponibles. De nos jours, on a critiqué plus d'une fois ce caractère plus ou moins artificiel des délimitations territoriales, mais ce reproche est-il entièrement fondé? «Il est souvent question du tracé «injuste» des frontières entre républiques, source de conflits ethniques. Mais que signifient des frontières «justes»? Qui et quand a réussi une telle entreprise? Toute frontière est discutable, les frontières ont toujours et partout été un sujet de litige, vieux comme le monde. L'Asie centrale, dont la population est extrêmement disparate et melangée, pouvait-elle constituer une exception à la règle?» [97]

En fait, les frontières interrépublicaines de l'ex-URSS n'avaient qu'une signification limitée, largement symbolique. Tracées initialement en s'inspirant des critères ethniques, elles n'étaient pas rigoureusement démarquées, sont restées perméables, ce qui était assez naturel: comment pouvait-on

---

[97] Anatoli Vichnevski, L'Asie centrale post-soviétique: entre le colonialisme et la modernité, dans Revue d'études comparatives Est-Ouest, décembre 1995, p. 111.

localiser rigoureusement les populations tourkistanaises qui pour une bonne part étaient nomades? Grand connaisseur de l'Asie et ancien vice-roi des Indes, lord Curzon notait que plusieurs peuples asiatiques répugnaient à la délimitation rigide de leurs frontières qui restreignait leur liberté et leur convivialité. C'était aussi le cas des républiques de l'Asie centrale. Les populations des régions frontalières se déplaçaient librement, sans rencontrer la réprobation des autorités gouvernementales, de telle sorte qu'au fil des années, les lignes séparatrices des ethnies et des nationalités se sont sensiblement modifiées. Le pouvoir soviétique était conscient qu'il y avait là un problème, et procédait de temps à autre à des modifications du tracé initial.

Ainsi, par exemple, il fut décidé au début des années 50, que le Kazakhstan remettra à l'Ouzbékistan une importante partie des terres de la Steppe de la Faim, soit un massif de terres fertiles ayant une superficie d'environ un million d'hectares. Par manque d'eau, une grande partie de cette superficie est restée inculte pendant des siècles. Le premier secrétaire du PC ouzbek N. Moukhitdinov était d'avis que l'intérêt de ces terres du Bostandyk et de la Steppe de la Faim résidait dans le fait qu'avec des dépenses relativement faibles on pouvait, à bref délai, y mettre en valeur des centaines de milliers d'hectares «et y créer un massif cotonnier sans égal par son étendue et sa densité». La loi soviétique du 19 décembre 1963 modifia partiellement la frontière entre l'Ouzbékistan et le Kazakhstan. D'autres questions sont restées pendantes.

Les gouvernants des nouvelles républiques issues de l'URSS se sont donc trouvés face à des situations inédites où allait se poser le problème de la rectification des anciennes délimitations pour tenir notamment compte des modifications survenues dans l'habitat le long des lignes frontalières dont on venait d'hériter. Tâche délicate, étant donné que l'indépendance venait de modifier radicalement la notion de frontière: de portée administrative sous le régime soviétique, elle devenait un attribut essentiel de la souveraineté. Plus d'une fois, le président Karimov avait insisté sur l'impératif de la reconnaissance des frontières étatiques en vigueur: «leur inviolabilité doit constituer un principe fondamental de la politique extérieure de chaque Etat, une condition principale pour assurer la souveraineté et renforcer l'indépendance politique et économique». [98]

Les Kazakhs ayant accusé les autorités ouzbèkes d'avoir procédé unilatéralement à des modifications du tracé frontalier avec le *Kazakhstan* sur quelque 230 km, l'accord *ouzbéko-kazakh* du 16 novembre 2001 n'a réglé le problème de la délimitation que partiellement et la Commission intergouvernementale qui s'est réunie les 26-30 avril 2002 à Astana, n'est pas parvenue à des résultats tangibles, plus spécialement en ce qui concerne la délimitation des localités comme Bagys, Arnasay, Amangeldy ou Nissan 1 et 2. Le gouvernement kazakh a rejeté la responsabilité de cet échec sur les autorités ouzbèkes, mais ces dernières ont denié ces accusations. [99]

Un accord sur la délimitation de la frontière *ouzbéko-turkmène* (1.867 km) a été signé le 21 septembre 2000 lors de la visite du président Karimov au Turkménistan. D'autres modifications allaient être discutées avec le *Kirghizstan* qui comprend des enclaves ouzbèkes surtout dans les vallées de Sokh et de Chât-i-Mardan, ainsi qu'avec le *Tadjikstan* dont la frontière avec l'Ouzbékistan, longue de quelque 1.300 km, fut le théâtre de l'intervention de l'armée ouzbèke amenée à combattre les infiltrations des insurgés islamistes. Lors de leur rencontre à Tashkent les 27-28 décembre 2001, les présidents de

---

[98] Islam Karimov, Uzbekistan on the Threshold of the Twenty-First Century, op. cité, p. 65.

[99] Narodnoe Slovo (Tashkent), 7 mai 2002.

l'Ouzbékistan et du Tadjikstan ont souligné qu'il est important «de poursuivre le processus de délimitation de la frontière étatique entre les deux pays», mais ont aussi noté que les pourparlers relatifs à sa délimitation juridique «se déroulent dans un esprit constructif, conformément aux normes et principes du droit international et de la pratique mondiale». Ils ont donc exprimé leur satisfaction ainsi que l'espoir que ces pourparlers vont rapidement aboutir. Ceci dit, les deux parties ont insisté sur le fait qu'il y aura lieu de coordonner leurs efforts en vue de l'établissement de contrôles effectifs des organes ouzbéko-tadjiks de sécurité frontalière et de douanes.[100]

i) La coopération avec d'autres pays de la C.E.I.

L'Ouzbékistan adhéra avec quatre autres pays membres de la C.E.I. au GOUAM groupant la Géorgie, l'Ouzbékistan, l'Ukraine, l'Azerbaïdjan et la Moldavie. Elle fut fondée initialement pour favoriser la coopération économique, notamment dans le domaine du transport des hydrocarbures et la mise en place d'un réseau de communications entre l'Europe, le Caucase et l'Asie. Cette structure interétatique informelle évolua peu à peu vers une coopération politique, son objectif étant d'éviter tout retour de l'hégémonie russe. Esquissée par les chefs d'Etat de ces pays lors du Sommet atlantique de

[100] A ces contestations entre les pays de la C.E.I. se greffent des litiges frontaliers avec les puissances extérieures. Le Parlement kirghiz ayant ratifié le 17 mai 2002 le traité frontalier avec la Chine aux termes duquel quelque 1.270 km de territoire contesté ont été cédés à cette puissance, des manifestations violentes se sont produites dans la capitale kirghize Bishek, les opposants réclamant l'abrogation de ce traité que le président Akaev a négocié en secret, «au mépris du principe constitutionnel de l'indivisibilité du territoire national».

Washington, le 25 avril 1999, la coopération au sein du GOUAM est restée cependant fragile: s'ils ont des intérêts communs, les pays membres affrontent aussi certaines discordances, et disposent de moyens limités pour réaliser leurs objectifs communs.

Le gouvernement ouzbèk a désapprouvé la position de l'*Arménie* dans le conflit du Haut-Karabakh qui l'oppose à l'*Azerbaïdjan*, mais a maintenu avec Erevan des relations coopérantes et amicales.

Les relations avec l'*Ukraine* méritent une mention particulière: elles témoignent d'un très bon état d'esprit qui anime la politique des autorités ouzbèkes à l'encontre de ce pays dont les ressortissants constituent une importante minorité en Ouzbékistan. Depuis l'Indépendance, Islam Karimov a visité l'Ukraine cinq fois, tandis que Léonide Koutchma s'est rendu en Ouzbékistan deux fois; alors qu'il était encore premier-ministre, L. Koutchma a signé à Tashkent, en février 1993, des accords en matière d'hydrocarbures. Les visites à Tashkent en septembre-décembre 1996 du premier ministre ukrainien P. Lazarenko et du ministre des Affaires étrangères G. Oudovenko, eurent pour résultat d'approfondir ces liens de coopération au niveau d'un *partenariat stratégique*. Les deux pays se consultent régulièrement pour coordonner leur attitude aux Nations Unies, dans les institutions spécialisées de cette organisation, ainsi qu'à l'OSCE. En 1999, le gouvernement de Kiev a expulsé d'Ukraine les opposants ouzbeks Mouhammad Bekjon, Ioussif Rouzimouradov, Kobil Diyarov et Negmat Chapirov. En 2001, l'Ouzbékistan a soutenu la candidature de l'Ukraine au Conseil exécutif de l'UNESCO, tandis que l'Ukraine a appuyé les initiatives ouzbèkes à la 56e session de l'Assemblée générale des

Nations Unies en matière de lutte contre le terrorisme et l'extrémisme religieux.[101]

En 2001, les échanges commerciaux entre les deux pays ont porté sur 372 millions de $: les exportations ouzbèkes s'élevaient à 4,7 %, les importations à 6,1 %. Afin de renforcer ces échanges, les Ukrainiens ont proposé début 2002 d'ouvrir à Kiev et à Tashkent des centres commerciaux. Les deux pays ont établi une coopération dans le domaine de la gestion des équipements militaires. Les entreprises *Ukrferry* (Ukraine) et *Trans-Asia-Tashkent* (Ouzbékistan) ont convenu de créer une joint-venture en matière de transport; d'autres modalités de coopération ont été envisagées en ce qui concerne la construction en commun des wagons de chemins de fer.

Douze ans après l'indépendance de l'Ouzbékistan, ses relations avec la *Biélorussie* restent toujours régies par l'accord signé à Tashkent en 1991. En 2001, les échanges commerciaux entre les deux pays s'élevaient à 31.884.000 $; les importations ouzbèkes ont porté sur 16.607.000 $.

j) L'attrait de la Turquie et le problème de la Turcophonie

Tout au long de la crise de régime qui allait précipiter la dislocation de l'Union soviétique, les dirigeants turcs sont restés dans une prudente expectative, s'abstenant de faire part de leurs sympathies vis-à-vis des populations turcomanes de l'Asie centrale. Ils suivaient en cela fidèlement la ligne de conduite imprimée autrefois par Ataturk, hostile à des aventures pan-turkistes du genre de celle engagée dans les années 20 par Enver

---

[101] Голос Узбекистана (Holos Ouzbékistana), Tashkent, 7 juin 2002.

Pasha: elles ne pouvaient que provoquer de vives réactions soviétiques et compliquer les relations avec Moscou. Après tout, le Parti communiste de l'URSS avait toujours dénoncé très fermement le pan-turkisme. [102]

Les choses ont complètement changé dès décembre 1991: les Turcs ont manifesté leur joie d'avoir retrouvé leurs «frères» ex-soviétiques de l'Asie centrale, désormais libres, et la presse turque s'est répandue en articles exaltant l'avenir radieux de l'espace culturel turkoman s'étendant des Balkans jusqu'à Xinjiang, en Chine occidentale, où résident les Chinois turcophones Uighur. Le 24 janvier 1992, la Turquie a créé la *Turkish International Co-operation Agency (TICA)* destinée à assister les pays en voie de développement, plus spécialement les pays turcophones.

La Turquie a été le premier pays à avoir reconnu l'indépendance de l'Ouzbékistan, lui a octroyé dès le début une importante aide matérielle et morale et a rapidement noué avec lui d'étroites relations. Le président Karimov s'est rendu les 16-19 décembre 1991 à Ankara où il a signé une série d'accords de coopération, et dès le printemps 1992, le premier ministre Suleiman Demirel s'est rendu en visite dans les pays d'Asie centrale avec lesquels il a signé des accords accordant à ces républiques une assistance financière et la livraison de biens de consommation; des étudiants centre-asiatiques allaient être admis dans les universités étrangères; en avril 1993, ce fut le président de la république turque Türgut Özal qui vint à son tour en visite à Tashkent. Les Ouzbeks se souviennent de ces témoignages d'amitié et restent reconnaissants pour ce soutien lors des heures difficiles de leur éveil à la vie indépendante. Le président

---

[102] Graham E. Fuller, Turkey's New Eastern Orientation, dans Turkey's New Geopolitics, Ed. by G.E. Fuller, I. O. Lesser, P.B. Henze and J.F. Brown. Westview Press, 1993, p. 66 s.

Karimov souligne que ses compatriotes ne pourront jamais l'oublier: «nous sommes reconnaissants au peuple turc et à ses dirigeants». Mais d'ajouter ausitôt que si l'attrait de la Turquie se situe en grande partie sur le plan culturel ou linguistique: «l'expérience turque nous séduit également par le fait que nous avons une religion musulmane commune, pour laquelle nous témoignons tout notre respect, mais qui reste séparée de l'Etat».[103] C'est clair. C'est un modèle qui convient parfaitement à l'Ouzbékistan.

Les dirigeants turcs estiment que leur pays pourrait jouer un rôle stabilisateur en Asie centrale, et plusieurs entreprises turques se sont installées en Ouzbékistan. Mais naturellement, «les disponibilités financières de la Turquie sont limitées et elle ne pourra pas financer les investissements d'envergure.»[104]

Bien entendu, s'agissant d'arguments en faveur d'un rapprochement avec la Turquie, ils ne se limitent pas à une coopération d'ordre économique. Se référant à leur héritage culturel commun et à des affinités linguistiques, plusieurs hommes politiques ouzbeks voient en la Turquie un modèle à suivre sur le plan idéologique: pays musulman, la Turquie est devenue avec Atatürk un Etat laïque tourné vers une démocratie pluraliste. Ce sont donc ses relations de l'Etat ouzbek avec l'Islam qui dictent en grande partie sa politique de rapprochement avec Ankara.

---

[103] Islam Karimov, «Сильная исполнительная власть сделает людей законопослушными» («Le pouvoir exécutif fort rendra les gens obéissants à la loi») , dans Novoe Vremya (Moscou), octobre 1995, p. 15.

[104] M. Moya, La Turquie. Rapport présenté au nom de la Commission politique de l'Assemblée de l'Union de l'Europe occidentale, 6 novembre 1992 , Doc. 1341. Philip Robins, Between Sentiment and Self-Interest: Turkey's Policy toward Azerbaijan and the Central Asian States, dans The Middle East Journal, 1993/4, pp. 593-610.

L'Ouzbékistan a participé à plusieurs Sommets turcophones, dont le premier s'est tenu à l'initiative prise par la Turquie à Ankara en octobre 1992; il affirma l'importance de l'accès au marché mondial des hydrocarbures des pays de la Caspienne. Ce Sommet fut suivi par les réunions d'Istanbul (19 octobre 1994), de Bichkek (28 août 1995), de Tashkent (21 octobre 1996), d'Astana (9 juin 1998), de Bakou (8 avril 2000), d'Istanbul (avril 2001).

Le IVe Sommet de Tashkent qui eut lieu en octobre 1996, a réuni, sous la présidence d'Islam Karimov, les présidents N. Aliev (Azerbaïdjan), N. Nazarbaiev (Kazakhstan), A. Akayev (Kirghizstan), S. Niyazov (Turkménistan), et le premier ministre S. Demirel (Turquie). Ils se sont déclarés satisfaits du développement de leurs relations bilatérales et multilatérales et ont décidé de les élargir. Il fut convenu que l'organisation *Türksoy* donnera une nouvelle impulsion à cette coopération en préparant la célébration conjointe du 1450e anniversaire de la fondation du grand Khanat turc, et qu'on mettra également en vigueur le programme de rétablissement de la Route de la Soie comportant le développement du tourisme culturel et la mise en valeur du patrimoine culturel des Etats turcophones. Les participants de ce IVe Sommet ont recommandé que l'on s'attache à la réalisation des projets communs en ce qui concerne la construction d'oléoducs, de gazoducs et de lignes électriques pour acheminer les vecteurs d'énergie vers les marchés mondiaux, et ont exprimé leur satisfaction quant aux travaux visant la construction d'oléoducs et de gazoducs à travers la Turquie jusqu'à la côte méditerranéenne et vers l'Europe occidentale. Ils ont souhaité voir appliquer les accords quadripartites de Serakhs (1996) relatifs au transit et aux liaisons ferroviaires avec la mise en service de l'axe transcaucasien, et se sont félicités de l'appui que l'Union européenne venait d'apporter aux projets TRACECA. Ils ont également appuyé le projet de création d'une voie de communication reliant l'Asie centrale à l'Afghanistan et au Pakistan, débouchant sur l'océan Indien, dans le cadre d'un axe «Nord-Sud». En commentant les résultats de cette réunion, le président Karimov a dit sa satisfaction que le IVe Sommet a réussi à surmonter la politisation initiale du Mouvement turcophone: c'était, a-t-il souligné, «un événement d'importance internationale».

Le VIe Sommet de Bakou (avril 2000) a hautement apprécié la signature à Istanbul, le 18 novembre 1999, de l'accord sur l'oléoduc d'exportation Bakou-Tbilissi-Ceyhan, ainsi que de la Déclaration intergouvernementale sur la mise en place du gazoduc transcaspien Turkménistan - Azerbaïdjan - Géorgie - Turquie - Europe. Les chefs d'Etat ont condamné toute manifestation d'agression et de militarisation des régions qui «aggravent les tensions, augmentent le nombre des réfugiés et des personnes déplacées, compliquent la situation humanitaire, détruisent les infrastructures socio-économiques et menacent la sécurité des Etats». Ils ont souligné la nécessité de mettre en place un mécanisme efficace de coopération internationale en matière de lutte contre le terrorissme, l'extrémisme religieux et le séparatisme. Ayant noté le rôle important joué par la Turquie dans le renforcement de la compréhension mutuelle et de la confiance entre les dirigeants des Etats turcophones et dans le rapprochement et la solidarité entre les peuples turcs, le VIe Sommet a décidé de mettre en place en Turquie un *Secrétariat permanent* des Sommets turcophones.

Ceci étant, le rapprochement turcophone a des limites. Il y a bien longtemps que les Turcs n'ont aucune présence politique en Asie centrale: depuis la fin du XVIe siècle, l'Empire ottoman s'en est désintéressé et tourna ses regards vers l'Europe. Il n'est pas question pour les dirigeants ouzbeks, comme aussi pour les dirigeants d'autres républiques ex-soviétiques, qu'on reconstitue cette présence artificiellement et que sous le couvert d'un resserrement des liens turcophones, la Turquie se substitue en quelque sorte à l'ancienne domination de la Russie comme une nouvelle puissance tutélaire de l'Asie centrale. Ils veulent avoir avec les Turcs des relations fondées sur l'égalité souveraine et n'admettent pas que ces derniers puissent intervenir de quelque façon que ce soit dans leurs affaires intérieures. Tout en admettant que l'Ouzbékistan a beaucoup de choses en commun avec les Turques, notamment la langue et l'histoire, le ministre des Affaires étrangères Abdulaziz Kamilov soulignait que « nous ne voulons pas échanger un grand frère contre un autre. La rumeur prêtait à la Turquie la volonté d'être un pont entre l'Asie centrale et l'Europe. Mais nous avons assez d'expérience pour nouer directement des relations avec les pays qui nous intéressent… ». [105] C'est dire que «Le panturquisme politique est un concept étranger à l'Asie centrale». [106]

k) Relations vigilantes avec l'Iran

En développant sa coopération avec les républiques centre-asiatiques, la Turquie se trouva en compétition avec l'Iran, lequel lui-aussi entend accroître son influence dans les pays d'Asie centrale: il a notamment des affinités avec le Tadjikstan, dont la langue s'apparente à l'iranien. Les Iraniens craignent que la Turquie «ne crée un ensemble culturel de langue turque allant de la Chine aux Balkans... empêcher la Turquie de

---

[105] La Libre Belgique (Bruxelles, 9 avril 1998.

[106] Patrick Karam, Asie centrale: Le Nouveau Grand Jeu, op. cité, p. 149. Ainsi, Tashkent a mal ressenti le fait que le gouvernement turc ait accordé un droit d'asile aux dirigeants d'Erk, condamnés en Ouzbékistan: à cette occasion, les relations entre les deux pays se sont tendues.

devenir puissance régionale est un des piliers de l'attitude actuelle de l'Iran». [107]

Les modes de coopération proposés par les deux puissances divergent sensiblement, mais il est évident que le modèle islamique qu'offre la Turquie est plus proche des aspirations ouzbèkes, «parce que - dit le président Karimov - l'Islam y va de pair avec la démocratie et le progrès. Quant au modèle iranien, le fanatisme dont il se nourrit n'apporte rien de bon à la population. Il suffit de voir la condition réservée aux femmes, à nouveau contraintes, hélas, de se voiler entièrement. Dans notre pays, elles n'accepteraient jamais d'avoir à se vêtir de la sorte».[108] Les principes sur lesquels s'édifie la société iranienne - souligne le président ouzbek - «ne correspondent pas aux objectifs que nous poursuivons». [109] En définitive, l'Ouzbékistan pourrait «tirer avantage de ses relations avec la Turquie et l'Iran, tout en observant une certaine distance».[110]

Mais le problème se complique par l'entrée en jeu des considérations de la politique mondiale qui débordent le contexte centre-asiatique. Depuis la désintégration de l'Union soviétique et l'apparition des nouveaux Etats en Asie centrale, les Etats-Unis ont pris nettement partie pour la Turquie, leur allié au sein de l'OTAN, et ont tout fait pour tenir l'Iran, leur adversaire potentiel, à l'écart de cette région. «Bien entendu - affirma le

---

[107] Firouzeh Nahavandi, La république islamique d'Iran et les républiques musulmanes de l'ex-URSS, dans Civilisations, Vol. XLIII - N° 1, pp. 68-69.

[108] Entretien avec Islam Karimov, L'Ouzbékistan à l'heure de Moscou, dans Politique internationale, 1994, p. 137.

[109] Islam Karimov, «Le pouvoir fort rendra les gens obéissants à la loi», op. cité, p. 15.

[110] Sergueï Strokan, Que suscite en Asie la création de la CEI?, dans Nouvelles de Moscou, 14 janvier 1992.

Secrétaire d'Etat Baker - nous sommes attentifs aux efforts de l'Iran et de la Turquie qui aimeraient inclure l'Asie centrale davantage dans leurs sphères d'influence».[111] Lors de sa rencontre en février 1992 avec le président tadjik Rakhman Nabiyev, ce dernier l'assura que les Iraniens ont manifesté un grand intérêt pour le Tadjikstan, mais l'homme d'Etat américain a répliqué que l'Iran «crée des problèmes pour beaucoup de pays», que le régime iranien «cherche à exporter la révolution», et qu'en conséquence, le Tadjikstan doit rester vigilant.[112]

Cela n'a pas empêché l'Ouzbékistan de nouer des relations avec Téhéran: le ministre iranien des Affaires étrangères Ali Vellyati s'est rendu en visite à Tashkent déjà en décembre 1991 et ensuite au début de février 1993 pour discuter notamment des problèmes économiques, et ultérieurement les deux pays allaient ouvrir des ambassades dans leurs capitales respectives. Il n'empêche qu'en avril 1995 le président Karimov a critiqué les agissements de l'Iran au sein de l'Organisation de coopération économique, ainsi que ses prises de position (jugées excessives) à l'égard des Etats-Unis et d'Israël.

Le radicalisme iranien s'étant depuis un certain temps quelque peu estompé, l'espoir était né qu'on puisse peut-être assister à l'abandon progressif de l'intégrisme islamique iranien qui avait posé tant de problèmes dans les pays du Caucase et d'Asie centrale. Après que la France ait reconsidéré ses relations avec l'Iran, le 17 juin 1998, Washington proposa lui-aussi une certaine réconciliation, pouvant mener à l'établissement des «relations normales» entre les deux puissances; resté vigilant, Téhéran a fini par rétablir dès octobre 1998 ses relations diplomatiques avec la Grande-Bretagne.

---

[111] James A. Baker, III with Thomas M. Defrank, The Politics of Diplomacy. Revolution, War and Peace 1989-1992. New York, G.P. Putnam's Sons, 1995, p. 629.

[112] Ibid., p. 631.

L'Ouzbékistan a suivi attentivement cette évolution : si ses relations avec l'Iran soulèvent certes les problèmes de son modèle islamique intégriste qui n'est pas acceptable par les Ouzbeks, en revanche, il faut trouver des solutions aux échanges commerciaux entre les deux pays ainsi qu'à leurs problèmes transitaires. Ces échanges sont en hausse : en 2001, 467.000 t. de produits ouzbeks sont passés par le territoire iranien (contre 34.000 t. en 1996), alors que 750.000 t. de produits iraniens destinés aux pays d'Asie centrale et à la Chine sont passés par l'Ouzbékistan. A cela s'ajoute la présence en Ouzbékistan d'une cinquantaine d'entreprises mixtes irano-ouzbèkes, dont une partie de la production est destinée à l'exportation.

Pays enclavé, l'Ouzbékistan ne peut atteindre le Sud-est asiatique que par les ports iraniens Bender-Abbas et Tchabachor. La nouvelle situation qui s'est créée après la débâcle talibane ouvre, bien sûr, de nouvelles perspectives transitaires: venant de Termez, on atteindrait l'Iran en passant par les cités afghanes Mazari-Sharif et Herat, mais cela implique de grands travaux et prendrait un certain temps. Le président d'Afghanistan Hamid Karzai y est très favorable, mais l'on se demande si toutes les conditions politiques sont déjà réunies pour se lancer dans la réalisation de cette ambitieuse entreprise.

C'est donc dans ce nouveau contexte international qu'à l'initiative du président Karimov eut lieu les 26-28 avril 2002 la visite du président iranien Khatani en Ouzbékistan. C'était un événement. Les deux parties ont certes pris toutes leurs précautions en insistant dans leur déclaration commune sur le respect mutuel de leurs souverainetés respectives, la non-ingérence dans les affaires intérieures et l'interdiction de toute activité subversive. Mais elles ont également convenu de coopérer étroitement contre la criminalité internationale, la contrebande de la drogue, ou le terrorisme et ont mis en place un système de consultations au niveau des ministres des Affaires étrangères. Les deux présidents ont souligné l'importance de leurs relations économiques et ont exprimé leur intention d'améliorer leurs voies transitaires, soit le trajet Tedjent - Serakhs - Meshched - Bender - Abbas, mais aussi les transports iraniens par le territoire ouzbek vers les marchés d'Asie centrale et de Chine. A la même occasion, la partie ouzbèke a soutenu l'initiative iranienne en ce qui concerne «le Dialogue des civilisations».[113]

I) La guerre civile au Tadjikstan

Les guerres fratricides du *Tadjikstan* et d'*Afghanistan* sont restées intimement liées à la menace islamiste qui pese sur la jeune république ouzbèke.

Parmi les cinq républiques d'Asie centrale, le Tadjikstan constitue une région trouble et une menace pour la sécurité de ses voisins. Ce pays iranophone, largement inféodé à la Russie et gouverné par les néo-communistes qui n'ont pas beaucoup évolué et qui, pour la plupart, ont regretté la disparition de l'Union soviétique, est sombré depuis son accession à l'indépendance dans une sanglante guerre civile qui s'avéra être un facteur de déstabilisation pour toute la région d'Asie centrale, et plus spécialement pour l'Ouzbékistan. L'opposition armée réclama non seulement des réformes de structures étatiques, mais aussi et surtout l'instauration d'un Etat islamique pur et dur qui rayonnerait au delà de ses frontières et pourrait influencer la même option fondamentaliste dans les Etats voisins. Cette menace de bascule était réelle étant

[113] Узбекистан - Иран: новые отношения в новых условиях (Ouzbékistan - Iran: nouvelles relations dans les nouvelles conditions), dans Pravda Vostoka (Tashkent), 27 avril 2002.

donné un extraordinaire phénomène de mélange ethnique dans cette région où les frontières ne sont pas du tout étanches: «les populations sont mélangées et bilingues, à tel point que deux frères, issus de la même mère et du même père et vivant dans une même localité, peuvent être aujourd'hui ethniquement différents: l'un peut être Ouzbek, l'autre Tadjik». [114]

Il faut souligner qu'à la veille de la désintégration de l'URSS, près de 1,3 million d' Ouzbeks vivaient au Tadjikstan, soit 26 % de la population (5.500.000 habitants), tandis qu'une importante minorité tadjike, près d'un million, était présente en Ouzbékistan, à quoi s'ajoutaient les très nombreux Tadjiks vivant en Afghanistan. Et il se fait que les relations troubles entre les Tadjiks iranophones et les Ouzbeks turcophones ont des racines historiques: elles n'ont pas toujours été très cordiales, certains dirigeants tadjiks critiquant amèrement l'incorporation de Samarkande et de Boukhara à l'Ouzbékistan et dénonçant en même temps le prétendu «complexe de supériorité» ouzbek... En juin 1988, le leader tadjik Kakhar Makhkamov a reconnu l'existence de nombreuses frictions entre les deux pays, et le Premier Secrétaire du PC ouzbek Rafik Nishanov s'est donc rendu à Douchanbé pour les atténuer et pour mettre en place des programmes conjoints de coopération culturelle et scientifique, mais la guerre civile qui a suivie peu après a mis fin à ces tentatives conciliatrices. Après l'Indépendance, le «facteur ouzbek» allait jouer un grand rôle dans la normalisation de la situation au Tadjikstan déchiré par la guerre.

Les dirigeants politiques de Tashkent sont restés très attentifs à l'évolution du conflit politique dans ce pays. De bonne

---

[114] Eben Naby, The Emerging Central Asia Ethic and Religious Factions, dans The Iranian Journal of International Affairs, Spring 1992, p. 162. Romain Yakemtchouk, Les conflits de territoire et de frontière dans les Etats de l'ex-URSS, dans Annuaire Français de Droit international, 1993, p. 429 s.

heure, le président Karimov avait prévenu les autorités russes que l'Islam fondamentaliste constituait une menace non seulement pour l'Asie centrale, mais également pour la Russie, dont les forces armées gardaient la frontière tadjiko-afghane, considérée comme une frontière de la C.E.I. voire de la Russie. En octobre 1992, les présidents Karimov, Nazarbaiev et Akaev se sont mis d'accord pour constituer une force coinjointe d'intervention au Tadjikstan, mais peu après les Kazakhs et les Kirghizes se sont désistés: ils étaient moins concernés que les Ouzbeks par la crise tadjike. Lorsque au mois de novembre 1992 les Russes sont intervenus militairement au Tadjikstan avec leur 201ème Division motorisée, l'Ouzbékistan a soutenu seul cette intervention en déployant la Force aérienne ouzbèke et en fournissant des armes pour combattre les islamistes. Les observateurs étrangers reconnaissaient volontiers que I. Karimov «était le plus préoccupé et le plus influent de tous les dirigeants d'Asie centrale tout au long de la crise tadjike». Etant donné le soutien militaire accordé aux extrémistes fondamentalistes tadjiks par les régimes de Kaboul et de Téhéran, «leur ingérence risquait, à terme, d'embraser toute la région, dit Islam Karimov: nous avions le devoir d'empêcher une telle catastrophe».[115] Selon le président ouzbek, la crise du Tadjikstan risquait de se reproduire «en Ouzbékistan, débouchant sur une anarchie sociale et politique. Il s'agissait d'éviter le «Scenario tadjik», préoccupation érigée par Karimov en une valeur politique suprême devant être maintenue à tout prix». [116]

L'Ouzbékistan a adhéré à la décision du Conseil des chefs d'Etats de la CEI relative aux «mesures visant à stabiliser la situation à la frontière entre la République du Tadjikstan et

---

[115] Entretien avec Islam Karimov, L'Ouzbékistan à l'heure de Moscou, dans Politique internationale, 1994, p. 138.

[116] Roland Dannreuther, Creating New States in Central Asia. Adelphi Paper 288, mars 1994, p. 31.

l'Afghanistan», en date du 22 janvier 1993. Il a participé à la réunion au sommet de l'Organisation de coopération économique à Istanbul les 6 et 7 juillet 1993 qui a discuté les problèmes qui se posaient sur la frontière entre le Tadjikstan et l'Afghanistan. Avec la Russie, le Tadjikstan, le Kazakhstan et le Kirghizstan, il a participé à la réunion de Moscou qui a examiné la situation au Tadjikstan et fut le signataire de l'accord du 24 septembre 1993 portant création des forces collectives de la CEI pour le maintien de la paix au Tadjikstan. Pour les Etats signataires, ce document était parfaitement compatible avec les dispositions du Chap. VIII de la Charte des Nations Unies relatif aux accords régionaux. Les observateurs d'Ouzbékistan ont assisté aux pourparlers intertadjiks sur la réconciliation nationale qui se sont tenus du 5 au 19 avril 1994 à Moscou sous les auspices des Nations Unies et il a également adhéré à l'accord du 15 avril 1994, par lequel les Etats participants ont invité tous les Etats signataires du traité de sécurité collective du 15 mai 1992 à participer à la mission de maintien de la paix au Tadjikstan. A cette occasion, l'Ouzbékistan, le Kirghizstan et le Kazakhstan se sont engagés une fois de plus à affecter à ces forces collectives des contingents militaires d'un effectif global de 16.000 hommes, mais en fait leur intervention s'est limitée à l'envoi de deux bataillons ouzbeks, un kazakh et un kirghiz. Le gouvernement ouzbek s'est réjoui de la signature de l'accord de cessez-le-feu signé le 17 septembre 1994, et son ministre adjoint des Affaires étrangères a participé à la réunion de Moscou qui a examiné la situation au Tadjikstan. Le président Karimov s'est associé à l'appel commun daté du 10 février 1995, adressé au Président du Conseil de sécurité par les présidents de la Fédération de Russie, du Kazakhstan, du Kirghizstan et du Tadjikstan, qui a demandé le renforcement de la participation de l'Organisation mondiale à la recherche d'un règlement au conflit au Tadjikstan par la mise en place dans ce pays d'une véritable opération de maintien de la paix.

Les interlocuteurs ouzbeks de l'Envoyé spécial de l'ONU au Tadjikstan avaient résolument appuyé les efforts déployés par la Mission d'observation des Nations Unies au Tadjikstan (MONUT) afin d'amener le plus rapidement possible les parties tadjikes à la table des négociations.[117] Les observateurs ouzbeks ont suivi attentivement les pourparlers de Moscou entre les autorités gouvernementales et l'Opposition tadjike unifiée (OTU) qui ont débouché sur la signature, le 23 décembre 1996, d'un accord entre le président de la République du Tadjikstan et le chef de l'Opposition. Ils se sont félicités de la signature en juin 1997 d'un accord de cessez-le-feu et ensuite d'un accord de paix assortis d'un protocole relatif à la création d'une *Commission de réconciliation nationale.* Evgueni Primakov qui est devenu le 5 janvier 1996 ministre des Affaires étrangères de la Russie, souligne le rôle important qu'a joué dans ces pourparlers le «facteur ouzbek»: «J'ai plus d'une fois rencontré ou discuté par téléphone avec le président I.A. Karimov lequel est un fin et profond connaisseur des problèmes tadjiks. Ses avis et ses attitudes dans ces approches étaient simplement indispensables. En tant que directeur des Renseignements extérieurs et ministre des Affaires étrangères, j'ai plus d'une fois examiné avec lui le problème du règlement de la question du Tadjikstan».[118]

Se plaignant auprès du Secrétaire général des Nations Unies de la «mauvaise foi» du pouvoir en place, l'Opposition tadjike unifiée se retira en mai 1999 de la Commission de réconciliation nationale et contesta les résultats des élections présidentielles du 6 novembre 1999. Néanmoins, les élections législatives de février-mars 2000 s'étant tenues dans des

---

[117] Nations Unies, Conseil de sécurité, S/1994/379, 4 avril 1994.

[118] Evgueni Primakov, Годы в большой политике (Années de grande politique). Moscou, Kollektzya «Sovershenno sekretno», 1999, p. 186.

conditions meilleures, l'OTU a reconnu leur légitimité et a consenti à dissoudre ses formations armées.

Mais tout cela n'a pas mis fin aux activités des extrémistes islamistes retranchés dans les régions montagneuses du Tadjikstan qui échappent toujours à l'autorité du gouvernement central. Conduit par Djouma Namangani, le *Mouvement islamiste d'Ouzbékistan (MIO)* s'efforce d'établir le contrôle sur la vallée de Ferghana où, semblerait-il, la majorité de la population soutient son projet. Au mois d'août 2000, les agissements du MOC ont provoqué la mise en alerte des forces armées ouzbèkes, tandis que le Kirghizstan a renforcé les contrôles pour empêcher des rebelles de passer par son territoire à Ferghana par le Nord. Pour sa part, le Kazakhstan a concentré ses troupes le long de sa frontière avec l'Ouzbékistan afin de prévenir une éventuelle percée des militants islamistes. En Ouzbékistan même, on a noté l'activation des structures clandestines du MIO, ainsi que de l'organisation «Hezbut Tahrir», encore plus radicale.

m) Le problème de l'Afghanistan

Traditionnellement, les Ouzbeks vivaient en bons termes avec les Afghans: ils constituent une importante minorité, près de 15 % de la population de l'Afghanistan.[119] Après la signature en février 1921 de l'accord d'amitié soviéto-afghan, l'URSS accorda à l'Afghanistan son assistance technique en construisant dans ce pays une usine de coton, plusieurs centrales

---

[119] Cfr. l'étude de G. Rasuly-Paleczek dans W. van Schendel and E.J. Zürcher (red.), Identity Politics in Central Asia and the Muslim World: Nationalism, Ethnicity and Labour in the Twentieth Century. Londres - New York, Tauris Publishers, 2001.

électriques ainsi que des systèmes de communication. Les cadres ouzbeks allaient être associés à ces réalisations en travaillant côte à côte avec leurs collègues afghans. Pour leur part, les spécialistes et des étudiants afghans allaient suivre des cours de perfectionnement dans des établissements ouzbeks d'enseignement supérieur à Tashkent ainsi que dans d'autres villes d'Ouzbékistan. Le poète du XVe siècle Ali Sher Nawa'y, qui écrivait aussi bien en persan qu'en ouzbek, était volontiers présenté comme appartenant aux deux communautés culturelles, ouzbèke et afghane. [120]

Une situation entièrement nouvelle allait apparaître avec l'invasion soviétique de l'Afghanistan à la fin de 1979: une longue guerre sanglante sans issue s'en est suivie et s'est finalement achevée par le retrait peu glorieux de l'Armée rouge. C'est à Tashkent qu'eut lieu la rencontre, le 7 avril 1988, entre Mikhaïl Gorbatchev et le président afghan Najibullah, qui a levé les derniers obstacles à la signature à la mi-avril des Accords de Genève sur le règlement du problème afghan: il a été convenu que le retrait des troupes soviétiques d'Afghanistan débutera le 15 mai 1988 pour prendre fin le 15 avril 1989 au plus tard. C'est avec appréhension que les autorités ouzbèkes ont suivi cette nouvelle situation qui a en fait débouché sur une nouvelle guerre (fratricide) semant la mort et la désolation. Intervenant le 28 septembre 1993 à la 48e session de l'Assemblée générale des Nations Unies, le président I.Karimov s'est prononcé pour l'instauration d'un embargo sur les livraisons d'armes aux belligérants afghans, position qui trouva ultérieurement sa confirmation dans des résolutions du Conseil de sécurité et de l'O.S.C.E.

---

[120] Olivier Roy, Géopolitique de l'Asie centrale, dans Cahiers du Monde russe et soviétique, janvier-mars 1991, p. 150.

Le gouvernement ouzbek a rejeté formellement les accusations de Kaboul relatives à ses ingérences dans les affaires intérieures afghanes, plus spécialement en ce qui concerne la prétendue intervention des forces armées ouzbèkes dans cette guerre civile. Dans leur déclaration commune en date du 8 février 1994, les Ministères des Affaires étrangères de la Fédération de Russie et de la République d'Ouzbékistan se sont dit convaincus que «c'est aux Afghans eux-mêmes qu'il appartient avant tout de régler les contradictions existantes et de déterminer la voie à suivre pour le développement de l'Afghanistan». Ils se sont dit résolus «à conserver une stricte neutralité et à respecter le principe de la non-ingérence dans les affaires intérieures de l'Afghanistan». [121]

Prenant la parole, le 4 octobre 1994, à la 49e Assemblée générale des Nations Unies, le représentant de l'Ouzbékistan a de nouveau affirmé «le caractère inadmissible de toute intervention dans les affaires intérieures de l'Afghanistan et la nécessité d'un embargo sur l'importation d'armes dans les zones de conflits régionaux». Le 4 octobre 1994, le Ministère ouzbek des Affaires étrangères s'éleva contre «les propos calomnieux et dépourvus de fondement» dirigés contre l'Ouzbékistan, et réaffirma sa position de «stricte neutralité».

A-t-il observé cette neutralité effectivement? N'avait-il pas accordé quelque aide à l'ex-chef de guerre communiste ouzbek, le général afghan Abdul Rashid Dostoum, qui militait depuis longtemps déjà en Afghanistan et qui a fini par prendre sous son contrôle une vaste zone du Nord-Est de ce pays? Ce leader du *Mouvement National Islamique*, contrairement à ce que pouvait suggérer cette dénomination, chercha à mobiliser autour de lui des forces laïques pour combattre la traditionnelle domination des Pashtuns, et dès lors, voyant en ce général, non

---

[121] Nations Unies, Conseil de sécurité, S/1994/156, 11 février 1994.

sans raison, un facteur politique de poids, des puissances affectées par le conflit afghan se sont intéressées à son mouvement et nouèrent avec lui des rapports informels. Ainsi, la Russie a vu en Dostoum un élément stabilisateur de ses frontières méridionales, alors que l'intérêt manifesté dans les milieux ouzbeks s'expliquait «non seulement par des affinités ethniques, mais aussi par des intérêts géopolitiques dans cette région». [122]

Bien entendu, étant donné la versatilité extrême des situations politiques afghanes, ici rien n'était simple. Ayant initialement appuyé le président Rabbani, Dostoum s'est joint en mai 1993 aux forces d'Ahmed Massoud, un tadjik islamiste modéré, mais début 1994 il a rompu cette alliance en se ralliant au chef du gouvernement Gulbuddin Hekmatyar. Toutes ces dissensions ont sérieusement affaibli les forces anti-Talibans. A Tashkent où l'on n'appréciait guère la montée en puissance de ces «Etudiants (armés) en Religion», ce fut la consternation mais aussi la crainte, étant donné que la poussée des extrémistes talibans et leur volonté d'instaurer un «régime islamiste intégral» fut saluée dans les milieux fondamentalistes ouzbeks. On comprend dès lors que les autorités afghanes avaient des sympathies pour tous ceux qui combattaient les Talibans. Lors de la visite du président Karimov en Belgique, en novembre 1996, le journaliste Pol Mathil lui a demandé: «Aidez-vous Dostoum, le général ouzbek en Afghanistan, dont les troupes constituent le dernier rempart entre les fondamentalistes talibans et votre frontière? I. Karimov a répondu: «Pourquoi qualifiez-vous Dostoum de général ouzbek? Le général Shalikachvili, chef des états-majors de l'armée américaine, est un général géorgien ou américain? Dostoum est un général afghan. Ceci dit, nous

---

[122] Аркадий Дубнов, У России снова афганская «головная боль» (Arkadi Doubnov, En Russie, une fois de plus «le mal» afghan), dans Новое Время (Temps nouveaux), Moscou, février 1994, p. 24.

apportons une aide purement humanitaire à la minorité ouzbèke en Afghanistan». [123]

Lorsque, avec l'aide du Pakistan, les Talibans avancèrent jusqu'aux approches de Kaboul, le ralliement des forces ouzbèkes de Dostoum a permis à Massoud de contenir quelque peu la poussée des Talibans. Mais la prise de Kaboul par les Talibans en septembre 1996, et ensuite la chute le 24 mai 1997 de Mazar-I-Charif dans le Nord de l'Afghanistan, ont suscité une vive inquiétude dans les pays voisins et un vent de panique déferla sur l'Asie centrale. [124] Le gouvernement russe a prévenu le 25 mai que les Etats membres de la CEI réagiraient durement si les Talibans devaient pénétrer en Ouzbékistan, au Tadjikstan ou au Turkménistan. Des mesures de sécurité ont été renforcées à la frontière ouzbèke.

En septembre 1997, le gouvernement ouzbek a présenté aux missions diplomatiques et aux organisations internationales accréditées à Tashkent un plan relatif au règlement du conflit afghan. Cette initiative prévoyait la constitution d'un «groupe de contact» des puissances directement intéressées, parmi lesquelles devaient figurer, estimait-il, le Pakistan et l'Iran, les Etats-Unis et la Russie, ainsi que les Etats voisins de l'Afghanistan, à savoir l'Ouzbékistan, le Turkménistan et le Tadjikstan, sans oublier le Kazakhstan et le Kirghizstan. Agissant en collaboration étroite avec les Nations Unies, avec la participation de l'Organisation de la Conférence islamique, le «groupe de contact» aurait pour objectif de contribuer à la formation d'un gouvernement afghan de coalition largement représentatif. Les puissances se garderaient d'intervenir dans les affaires intérieures afghanes, en s'abstenant

[123] Le Soir (Bruxelles), 12 novembre 1996.

[124] Ahmed Rashid, The New Struggle in Central Asia, dans World Policy Journal, Winter 2000/01, pp. 33-45.

notamment de fournir aux belligérants des armes et des équipements militaires. L'initiative ouzbèke fut communiquée aux instances des Nations Unies et a donné lieu à l'échange de vues entre le président Karimov et les représentants des Etats-Unis.[125]

Les 19-20 juillet 1999 s'est tenue à Tashkent, sous l'égide des Nations Unies, une rencontre du groupe «6 + 2» sur l'Afghanistan. Le gouvernement ouzbek a pris l'initiative d' instaurer un embargo sur des livraisons d'armes à l'Afghanistan, proposition qui reçut un large accueil de la communauté internationale et trouva un reflet dans des résolutions du Conseil de sécurité, de l'OSCE, du Parlement européen, ainsi que de la conférence des ministres des Affaires étrangères de l'OIC. Le 8 septembre 2000, soit un an avant les attentats aériens perpétrés contre les Etats-Unis, le président Karimov avait prévenu l'Assemblée générale de l'ONU que l'Afghanistan était devenu un foyer du terrorisme international et que cette situation représentait «une menace pour la sécurité non seulement des Etats de l'Asie centrale, mais de l'ensemble du monde». Avec l'assistance des Nations Unies et de l'OSCE, le gouvernement ouzbek a réuni à Tashkent, en octobre 2000, une conférence internationale consacrée à la sécurité et la stabilité de l'Asie centrale, la lutte contre les stupéfiants, le crime organisé et le terrorisme.

En fin de compte, c'est l'intervention américaine engagée consécutivement aux événements du 11 septembre 2001, qui allait mettre fin au règne des Talibans à Kaboul.

---

[125] Novyj Den (Tashkent), septembre 1997, N° 23.

n) Relations avec l'OTAN

Ayant tenu sa réunion inaugurale le 20 décembre 1991, le *Conseil de coopération nord-atlantique (CCNA)* fut élargi consécutivement à la dissolution de l'Union soviétique, de manière à inclure tous les membres de la CEI. L'Ouzbékistan est devenu membre du CCNA dont les consultations et la coopération sont axées sur les questions politiques et les questions liées à la sécurité. Outre ces consultations, on y aborde des sujets ayant trait à la planification de la défense et des questions militaires telles que les principes et les aspects clés de la stratégie, les structures de forces et de commandement, les exercices, la conception démocratique des relations entre civils et militaires, la coordination entre civils et militaires et la question de la circulation aérienne, la conversion de la production militaire à des fins civiles. Il se réunit au moins une fois l'an.

L'Ouzbékistan a également adhéré au *Partenariat pour la paix* dont le Document cadre fut adopté à Bruxelles en janvier 1994. [126] Le ministre des Affaires étrangères

---

[126] Les objectifs concrets du Partenariat sont les suivants:

- faciliter la transparence dans le processus d'établissement des plans et des budgets de défense nationaux;
- faire en sorte qu'un contrôle démocratique s'exerce sur les forces de défense;
- maintenir les moyens et l'état de préparation permettant d'apporter une contribution, sous réserve de considérations d'ordre constitutionnel, à des opérations menées sous l'autorité des Nations Unies et/ou sous la responsabilité de l'OSCE;
- développer des relations militaires de coopération avec l'OTAN, pour des activités de planification et de formation et des exercices communs, en vue de rendre les pays signataires du PpP mieux à même d'entreprendre des missions dans les domaines du maintien de la paix, de la recherche et du sauvetage, des opérations humanitaires et dans les autres domaines qui pourraient être agréés par la suite;

Saidmukhtar Saidkasimov et le ministre de la Défense Rustam Ahmedov se sont rendus le 13 juillet 1994 à l'OTAN pour y signer le Document cadre.

Le président Karimov a expliqué que l'adhésion de l'Ouzbékistan au programme de Partenariat pour la Paix avait pour objectif de créer un large système de sécurité collective et de stabilité incluant la région de l'Asie centrale. «La coopération avec l'OTAN nous permet d'être au courant des événements militaires et politiques, d'avoir accès aux investigations et recherches effectuées dans le cadre de cette alliance, de participer aux activités des pays membres de l'OTAN, y compris aux exercices communs des unités militaires. Tout cela contribue non seulement à préparer nos unités militaires à un niveau plus élevé d'une aptitude au combat et à assimiler les expériences avancées de combat, mais également à renforcer les liens de notre Etat avec les pays démocratiques économiquement développés, dans les domaines politique, économique et humanitaire». [127] A l'heure actuelle, le Partenariat pour la Paix réunit 27 pays partenaires.

A l'initiative du président Nazarbaiev, les chefs d'Etat d'Ouzbékistan, du Kirghizstan et du Kazakhstan ont décidé le 15 décembre 1995 de former, sous l'égide de l'OTAN, un bataillon centre-asiatique de maintien de la paix. Dans ce contexte, des exercices ont été organisés en 1997 (avec la participation des unités américaines) au Kazakhstan et en Ouzbékistan, en 1998 en Kirghizstan et en Ouzbékistan, en 2000 au Kazakhstan.

- se doter, à plus long terme, de forces plus en mesure d'opérer avec celles des membres de l'Alliance de l'Atlantique Nord.

[127] Islam Karimov, Uzbekistan on the Threshold of the Twenty-First Century. Tashkent, «Uzbekiston», 1997, p. 144. Sophie Shihab, Les Etats de l'ex-URSS affichent leurs divergences avec Moscou, dans Le Monde, 30-31 mars 1997.

En 1996, une soixantaine de soldats ouzbeks ont participé aux exercices aux Etats-Unis, en Caroline du Nord, dans le cadre du programme du *Partenariat pour la Paix (Cooperative Nugget)* ; de telles manoeuvres ont été organisées en 1997 en Amérique et en Europe occidentale (*Cooperative Osprey*).

En mars 1997, le président Karimov assura le Secrétaire général Solana que l'Ouzbékistan n'était pas opposé à l'élargissement de l'O.T.A.N. à l'Est européen.

La coopération entre les autorités ouzbèkes et l'O.T.A.N. s'est poursuivie sans heurts. Cette dernière a organisé en 1999 à Tashkent un Colloque relatif à la collaboration civilo-militaire face aux catastrophes naturelles telles que des tremblements de terre et des inondations. Les représentants de l'Ouzbékistan ont participé à l'étude des problèmes de radioactivité à l'ancien polygone d'essais nucléaires de Semipalatinsk, au Kazakhstan. En 2002, fut organisé à Tashkent un Symposium international consacré au rôle des Sciences et des Technologies dans le développement des pays d'Asie centrale.

o) Les événements du 11 septembre 2001. L'alignement de l'Ouzbékistan sur les Etats-Unis

Depuis les attentats pérpétrés aux Etats-Unis le 11 septembre 2001 par les islamistes de Ben Laden et la campagne militaire engagée par les Américains en Afghanistan, l'Asie centrale a gagné considérablement en importance stratégtique. Ces événements ont été l'occasion pour les autorités ouzbèkes de réaligner encore plus étroitement leur politique extérieure sur celle des Etats-Unis, l'Ouzbékistan devenant leur allié N° 1, «le plus important allié d'Amérique dans la région». [128] Le président Karimov a reçu le Sous-secrétaire d'Etat US pour le contrôle de l'armement et la sécurité internationale, John Bulton, venu à Tashkent les 26-28 septembre. Il saisissait en même temps l'occasion pour redorer son image de marque comme défenseur des libertés religieuses et politiques face aux forces oppositionnelles qui recourent au terrorisme afin d'établir un Etat fondamentaliste. Sur son insistance, Washington a reconnu que le *Mouvement islamique ouzbek (MIO)* était une organisation terroriste à combattre au même titre que les Talibans afghans ou Al-Qaida d'Oussama Ben Laden.

En annonçant le 5 octobre 2001 qu'il allait ouvrir son espace aérien aux avions américains et autoriser leurs atterrissages sur son territoire «pour les missions de recherche et de sauvetage et les missions humanitaires», «l'Ouzbékistan est devenu un élément vital de la campagne menée contre les Talibans». [129] Consécutivement à la visite à Tashkent du Secrétaire américain à la Défense Donald Rumsfeld, un accord avec les Etats-Unis fut signé le 7 octobre 2001 autorisant le stationnement de quelques 1.500 soldats américains de la 10ème Division de Montagne sur la base aérienne ouzbèke de Khanabad, ainsi que l'installation des avions-espions U.S. sans pilote (drones): pour la première fois, les Américains établissaient une base militaire dans un pays de l'ex-Union soviétique. Dans leur communiqué conjoint du 12 octobre, les Etats-Unis et l'Ouzbékistan ont déclaré vouloir établir de nouvelles relations favorisant la sécurité et la stabilité régionale. Le 4 novembre Donald Rumsfeld s'est rendu pour la seconde

---

[128] Markus Wehner, Amerikaner im Bogen der Instabilität, dans Frankfurter Allgemeine, 23 avril 2002.

[129] Osman Yavuzalp, Sur la ligne de front, dans Revue de l'OTAN, Hiver 2001-2002, p. 24.

fois à Tashkent afin de discuter des questions de défense et de la lutte anti-terroriste.

C'est également en novembre 2001 que le dirigeant du Mouvement Islamique d'Ouzbékistan, Juma Namangani (Hodjiev), qui guerroyait avec ses fondamentalistes aux côtés des Talibans dans le nord de l'Afghanistan, fut abattu dans la région de Kunduz, lors de l'offensive du Front Uni qui précipita la débâcle des Islamistes radicaux. Dostoum, qui a joué un rôle non négligeable dans ces opérations militaires, a émis des réserves aux résolutions de la conférence de Bonn sur l'Afghanistan (5 décembre 2001), mais entra finalement dans le gouvernement d'union nationale présidé par Hamid Karzaï comme vice-ministre de la défense.

Le président Karimov s'est félicité de la chute du régime fondamentaliste des Talibans et de leurs infrastructures terroristes, mais a exprimé en même temps ses préoccupations quant à l'avenir de l'Afghanistan et des perspectives de paix dans la région. L'avenir est incertain, a-t-il dit: seules les profondes réformes socio-économiques, notamment l'éradication catégorique de la culture et du trafic des stupéfiants, doublée d'un véritable désarmement, permettront d'enlever aux fondamentalistes les moyens de poursuivre leurs activités subversives. Les alliés occidentaux parviendront-ils à réaliser un délicat équilibre politique entre les Ouzbeks, les Tadjiks et les Pashtouns? Ces derniers se contenteront-ils de la place qu'ils occupent désormais dans la société afghane?

Signé début décembre 2001, un accord de coopération économique et humanitaire a prévu l'octroi à l'Ouzbékistan d'une aide de 100 millions $ destinée à la mise en place de réformes économiques, la lutte anti-drogue et la formation d'unités spéciales pour combattre le terrorisme. Eloignés de quelque 15.000 km d'Ouzbékistan, les Etats-Unis ont réussi à inclure ce pays dans leur réseau d'alliances, alors que ce dernier se situe à quelques centaines de km de la Russie, son ex-puissance tutélaire, avec laquelle il refuse toute relation de dépendance.

Dans son message à la septième session de Oliy Majlis en décembre 2001, le président Karimov a largement explicité ce tournant de la politique ouzbèke: «Aujourd'hui, après le 11 septembre, tous les peuples sains d'esprit de la terre se rendent profondément compte de l'importance de la détermination des grandes puissances et des forces engagées collectivement contre le fléau du terrorisme international, ainsi que de l'importance de l'exécution de cette détermination, pour arriver au bout de ce combat... En vérité, certaines forces politiques, certains responsables d'Etat, d'institutions publiques et des médias, et surtout certains Etats du proche et lointain étranger, sont aujourd'hui intrigués par le stationnement des forces militaires US sur un aérodrome désigné par l'Ouzbékistan ainsi que par le sort futur de cet aérodrome. Ils se demandent si les troupes américaines vont y stationner d'une manière permanente ou temporaire, et se demandent quels sont les plans de ces forces pour l'avenir. Ils répandent beaucoup de rumeurs et font des spéculations à ce sujet. Afin de rendre les choses plus faciles pour ceux qui sont concernés par ces problèmes, je voudrais leur donner une franche explication. Premièrement, je voudrais dire que pour toutes ces questions comment les Etats-Unis vont utiliser cet aérodrome et quelles en sont les limites, ils trouveront leur réponse dans un document juridique signé avec ce pays. Ainsi, il n'y a pas ici d'autres suppositions ou soupçons. En second lieu, il est tout à fait normal qu'un Etat qui se considère indépendant et souverain, ainsi que ses dirigeants qui sont responsables devant la nation, ont le droit de prendre des décisions dans l'intérêt de la société et de la nation. Je répète que seuls les intérêts de l'Ouzbékistan, sa future paix et sa stabilité, sont à la base de la décision prise à cet égard».

Le président se montra également très ferme en ce qui concerne les relations futures avec les Etats-Unis. «Qui et quoi pourraient mettre en question l'établissement des liens et des relations durables impliquant des avantages mutuels entre notre pays et les Etats-Unis, le plus puissant pays du monde? Il n'est pas nécessaire de convaincre les forces politiques ou les représentants de certains segments de la population de la république que la recherche d'un partenaire, et avant tout, l'obtention des garanties, sont d'une grande importance pour notre sécurité, afin de créer un pays libre et prospère et former une économie de marché».

Après la visite à Tashkent en février 2002 du général Myers, les 11-14 mars 2002 le président Karimov effectua une visite officielle aux Etats-Unis au cours de laquelle il a eu des entretiens politiques avec les dirigeants américains: les deux parties allaient signer une *Déclaration relative au partenariat stratégique*. Dirigée par James Cornell, président de *RWE Nukem Inc.*, la Chambre de commerce américano-ouzbèke a organisé à cette occasion une rencontre avec les représentants des compagnies U.S. afin de stimuler les relations économiques entre les deux pays. Le 5 avril, le président ouzbek a reçu la visite d'un groupe de congresmen américains; les entretiens ont porté notamment sur le renforcement de la coopération dans la lutte anti-terroriste.

Les Etats-Unis n'ont pas lésiné sur les montants d'aide accordée à l'Ouzbékistan. Pour l'année financière 2002, celle-ci s'éleva à 173 millions de $, se répartissant entre:

- programmes de promotion de la démocratie - 14,4 millions $;
- réformes économiques de marchés - 2,9 millions $,
- programmes visant à accroître la sécurité - 59,8 millions $;

- aide humanitaire - 50,4 millions $;
- initiatives industrielles - 45,5 millions $.[130]

L'aide militaire US vise notamment à accroître la sécurité des frontières de l'Ouzbékistan, le renforcement des forces aériennes ouzbèkes, la lutte conjointe contre le terrorisme international, ainsi que la formation des cadres de l'armée.

Dirigée par Duncan Hanter, président du Sous-Comité des Affaires militaires du Congrès US, une délégation américaine s'est rendue en juin 2002 en Ouzbékistan pour discuter des problèmes ayant trait à la lutte antiterroriste. Le 17 juillet, le président Karimov recevait Paul O'Neill, ministre américain des finances.

Néanmoins, tout en accordant à l'Ouzbékistan une importante assistance militaire et financière, les Etats-Unis n'oublient pas la présence de la Russie dans la région. Par leur déclaration conjointe du 24 mai 2002 sur une «nouvelle relation stratégique», les Etats-Unis et la Russie ont reconnu leurs «intérêts communs en Asie centrale et dans le Caucase méridional», et ont promis de promouvoir la recherche de la stabilité internationale dans le respect de la souveraineté et de l'intégrité territoriale des Etats de cette région. Le président Karimov s'est félicité de cette déclaration, en soulignant très diplomatiquement qu'une confrontation des grandes puissances ne mène en fin de compte qu'à l'accroissement des situations conflictuelles qu'il s'agit d'éviter à tout prix. En revanche, leur coopération constitue une garantie de la paix. Certains commentateurs ont donc estimé que le rapprochement américano-ouzbek a des limites et que «US is unlikely to

---

[130] Деловой партнер Узбекистана (Delovoy partner Ouzbékistana) (Tashkent), 11 juillet 2002.

establish a long-term presence in the region – especially given the improvement in US-Russia relations ».[131]

L'étendue de l'engagement américain en Ouzbékistan a suscité pas mal de réserves, voire de critiques. Plusieurs observateurs ont mis l'accent sur le peu de progrès dans le domaine des réformes démocratiques dans ce pays - désormais un allié privilégié d'une grande puissance libérale - et ont estimé que les Etats-Unis devraient poursuivre dans cette région une politique multidimensionnelle engageant stratégiquement toutes les républiques d'Asie centrale, sans favoriser indûment l'Ouzbékistan. P. Jones Luong et E. Weinthal étaient d'avis que les Etats-Unis «doivent éviter de développer la puissance militaire de l'Ouzbékistan», en expliquant que la nouvelle amitié américano-ouzbèke ne fera qu'alimenter l'extrémisme islamique en Asie centrale. «Même si le partenariat avec Karimov était indispensble pour la réussite de la campagne afghane, il n'empêche qu'à plus long terme il intensifiera et ne réduira pas, la menace de l'Islam radical».[132]

D'autres politologues étaient moins sceptiques et approuvaient l'option américaine, en soulignant que pour les Etats-Unis il était absolument nécessaire de disposer des bases militaires dans les pays voisins d'Afghanistan afin d'engager la lutte contre les Talibans avec quelque chance de succès. Le Pakistan n'étant pas suffisamment crédible, Washington se tourna vers l'Ouzbékistan, «un des pays de l'Asie centrale très favorablement orientés sur l'Occident, le seul voisin stable de

---

[131] The Economist Intelligence Unit, Uzbekistan. Londres, décembre 2001, p. 3.

[132] Pauline Jones Luong and Erika Weinthal, New Friends, New Fears in Central Asia, dans Foreign Affairs, mars-avril 2001, p. 64, p. 69.

l'Afghanistan, suffisamment amical pour servir comme une possible base». [133]

L'Ouzbékistan s'est également aligné sur les Etats-Unis lors de la *crise irakienne*. Consécutivement à la réunion du Conseil de sécurité le 5 favrier 2003, le Ministère ouzbek des Affaires étrangères expliqua que «Iraq issue, compliance with the UN Security Council Resolution 1441, work carried out in Iraq by the UN inspectors, stance of the leading states on this matter raise today concerns among the international public and world community including Uzbekistan.

We think that presentation made by Mr. Colin Powell, US Secretary of State, in the Security Council on 5 February 2003, reasons and arguments provided by him sufficiently confirm correctness of the US position to make more resolute and cardinal measures aimed at eliminating any presence in Iraq of weapons of mass destruction, VDM stocks and technologies in order to save mankind from this dreadful threat».

Néanmoins, contrairement au Kazakhstan qui avait envoyé des soldats en Irak pour y épauler les forces d'occupation anglo-américaines, l'Ouzbékistan a écarté cette éventualité, mais bien entendu, rien n'est définitif dans cette affaire qui suscite beaucoup d'interrogations.

---

[133] Swante E. Cornell and Regine A. Spector, Central Asia: More than Islamic Extremists, dans The Washington Quarterly, Winter 2002, p. 193.

p) Problèmes de sécurité nucléaire. Une zone dénucléarisée en Asie centrale

L'idée de proclamer l'Asie centrale une zone dénucléarisée revient au président Karimov qui l'avait lancée le 28 septembre 1993 à la 48e session de l'Assemblée générale des Nations Unies. S'étant prononcé pour la liquidation complète des armes nucléaires, l'homme d'Etat ouzbek a assuré que «l'Ouzbékistan est un partisan convaincu de la proclamation de l'Asie centrale comme une zone dénucléarisée». [134] Il est revenu sur cette question au Sommet de Lisbonne, le 3 décembre 1996, en dénonçant les agissements nucléaires de certains pays voisins: «Certains pays voisins ne font aucun secret de leurs projets d'acquérir des armes nucléaires. Il est aisé de prédire à quel danger cette aspiration expose des millions d'êtres vivant dans cette vaste région». Notons que l'Ouzbékistan accéda au T.N.P. déjà en mai 1992, alors que la Conférence générale de l'A.I.E.A. a accepté en septembre 1992 sa demande d'admission à l'Agence.

L'initiative ouzbèke était étroitement liée à la question de l'environnement et des dégâts causés par les explosions nucléaires du polygone kazakh de Semipalatinsk qui était, avant l'indépendance, le principal centre d'essais nucléaires de l'Union soviétique. En 42 ans, on y a procédé à 470 essais nucléaires atmosphériques ou souterrains, qui ont infligé aux populations de terribles maux, en irradiant et mutilant des centaines de milliers de personnes et en contaminant le sol. Au moment de l'accession du Kazakhstan à la souveraineté internationale, la radioactivité à Semipalatinsk était 1.500 fois supérieure à la

---

[134] Peace, Stability, Cooperation. Tashkent, Ministry of Foreign Affairs of the Republic of Uzbekistan, 1997, p. 10.

moyenne admise. Aussi, le président Nazarbaiev a-t-il pris la décision de fermer ce site.

Le projet d'Islam Karimov fut soutenu au Sommet d'Almaty, le 28 février 1997: les chefs d'Etat du Kazakhstan, du Kirghizstan, du Tadjikstan, du Turkménistan et d'Ouzbékistan ont proposé «d'appeler tous les pays concernés, à la veille du 50e anniversaire du polygone de Semipalatinsk, à appuyer l'idée de déclarer l'Asie centrale comme une zone dénucléarisée, ouverte à tous les autres Etats de la région». A la même occasion, le Sommet d'Almaty a décidé «de noter les efforts des Etats d'Asie centrale lesquels, nonobstant leurs sérieuses difficultés économiques, viennent d'entreprendre un effort significatif pour améliorer la situation écologique dans le bassin de la mer d'Aral qui avait subi l'impact des expériences nucléaires» et «de reconnaître la nécessité du lancement d'un vaste programme de sécurité écologique incluant le problème d'Aral, ainsi que de l'établissemnt d'une zone dénucléarisée en Asie centrale, tout en combattant les fuites de technologies nucléaires et de matières premières». [135]

Après avoir informé de leur projet la Commission du Désarmement des Nations Unies (qui a tenu sa session du 21 avril au 13 mai 1997), les cinq Etats centre-asiatiques l'ont

---

135 Almatinskaya Deklaratzya (Déclaration d'Alma-Ata) dans Novyj Den (Tashkent), N° 23 septembre 1997.

Reconnaissant la gravité de la situation, l'Assemblée générale des Nations Unies a adopté en 1997 la résolution 52/169 appelant la communauté internationale à soutenir les efforts du gouvernement du Kazakhstan visant à venir en aide aux victimes des rayonnements nucléaires du polygone de Semipalatinsk. Une mission commune a évalué en 1998 les conséquences des essais nucléaires, et un Plan d'action national fut mis sur pied en 1999 avec le concours du PNUD; une conférence internationale s'est tenue à Tokyo en septembre 1999. Le Programme de secours et de réhabilitation de Semipalatinsk porte sur 43 millions de dollars.

débattu à leur réunion d'Almaty (9-11 septembre) précédant la *Conférence intergouvernementale*, réunie à l'initiative du président Karimov à Tashkent les 15-16 septembre 1997. Ont participé à cette importante réunion les représentants de 39 Etats, dont cinq membres permanents du Conseil de sécurité, les représentants des organisations internationales comme l'O.N.U., l'O.S.C.E., l'A.I.E.A., l'Opanal, l'Organisation de la Conférence islamique, l'O.T.A.N., l'Union européenne, etc., ainsi que 18 experts venus des Etats-Unis (plus spécialement de l'Institut Monterey), de Russie, de Chine, du Royaume-Uni, d'Australie, de Belgique, du Canada et du Nigéria. [136] Dans son exposé introductif, le président Karimov assura que toutes les conditions étaient réunies pour renforcer la coopération des Etats d'Asie centrale «en quête de l'atome de la paix». [137] La Conférence s'est prononcée en faveur de l'initiative ouzbèke et a pris acte de la Déclaration des cinq ministres des Affaires étrangères d'Asie centrale à ce sujet. La Déclaration a fait appel à la communauté internationale d'appuyer cette initiative, et demande aux Nations Unies «de mettre en place un groupe d'experts des Nations Unies, avec la participation des experts du groupe régional, afin d'élaborer la forme et les éléments de préparation et de réalisation d'un accord sur la création d'une Zone exempte d'armes nucléaires en Asie centrale».

Cela fut fait et le texte adopté par la Conférence allait être approuvé par l'Assemblée générale des Nations Unies.

[136] Les Etats suivants ont participé à la Conférence: Kazakhstan, Kirghizstan, Ouzbékistan, Tadjikstan, Turkménistan, Chine, Etats-Unis, France, Royaume-Uni, Russie, Afrique du Sud, Allemagne, Arabie saoudite, Autriche, Azerbaïdjan, Bangladesh, Chili, République de Corée, Egypte, Finlande, Géorgie, Grèce, Inde, Indonésie, Iran, Italie, Kenya, Lettonie, Mexique, Mongolie, Oman, Pakistan, Pays-Bas, Pologne, Quatar, Suisse, Thaïlande, Turquie, Ukraine.

[137] Speech by I. A. Karimov, President of the Republic of Uzbekistan. Tashkent, «Rastr», QK, 1997, p. 11.

Pour leur part, les autorités ouzbèkes allaient poursuivre leurs efforts visant la non-prolifération nucléaire. A l'initiative de l'Institut des recherches stratégiques et interrégionales (qui relève de la Présidence de la République) ainsi que du Département d'Etat américain, s'est tenue à Tashkent, en avril 2002, le VIe Forum des pays d'Asie centrale et du Caucase pour étudier des problèmes relatifs au contrôle d'exportations et de non-prolifération des armements de destruction massive.

III. La société politique ouzbèke

a) Un nouveau facteur politique: l'Islam

Les relations entre l'Islam et le pouvoir politique se sont quelque peu normalisées à la fin des années 50 et le début des années 60. Intervenant en 1984 lors de la célébration du 60e anniversaire de la création de l'Ouzbékistan socialiste, le président de la Direction spirituelle des musulmans d'Asie centrale et du Kazakhstan, le mufti Chamsoutdinkhan ibn Ziiaoutdinkhan a rendu un hommage appuyé au régime soviétique grâce auquel, a-t-il dit, le pays a pu passer, en un temps relativement court, d'un fâcheux sous-développement aux avantages de la civilisation moderne. Il n'est pas allé plus loin et n'osa pas demander une amélioration du statut des musulmans ouzbeks. Ajoutons qu'à cette époque était publiée, sous l'égide des autorités publiques, la revue *Les Musulmans de l'Orient soviétique*, qui traduite en arabe, en anglais et en français, restait très respectueuse du pouvoir en place.

C'est la Perestroïka gorbatchévienne qui a suscité des espoirs en une certaine atténuation des contraintes qui pesaient sur l'Islam, mais celle-ci se fit attendre: tant le premier secrétaire du PC ouzbek I. Usmankhodjaev que R. Nashimov lequel lui succéda en janvier 1988, y étaient nettement opposés, au même titre que R. Abdullaeva, responsable au Parti des questions idéologiques (1985-1987). Dans son intervention au plénum du Comité Central consacré aux problèmes idéologiques en octobre 1986, Usmankhodjaev a certes admis que le Parti se devait d'observer les garanties constitutionnelles de liberté de conscience, mais dénonça en même temps la résurgence de l'Islam et son utilisation aux fins politiques. Quant à Gorbatchev, il se montra lui aussi peu favorable à cette réapparition de l'islamisme: en route pour l'Inde en novembre 1986, il s'arrêta brièvement à Tashkent et n'a pas manqué de réprimander les communistes locaux de s'être livrés à des compromissions dans ce domaine. Il les appela à «une lutte inconditionnelle contre les manifestations religieuses» et demanda «de renforcer la propagande athéiste et le travail politique parmi les masses». [138]

Néanmoins, le mouvement fut lancé et il n'était plus possible de l'arrêter, la Glasnost ne pouvait que favoriser l'expression des convictions religieuses pendant longtemps étouffées. En mars 1987, Abdullaeva fut révoqée, et le PC ouzbek recommença à s'interroger sur l'opportunité d'une nouvelle ligne idéologique. La situation politique prévalant à Moscou s'avéra propice: au cours de cette année, les dirigeants de la Perestroïka venaient adopter une attitude favorable à la célébration en URSS du millénaire de l'introduction du Christianisme à Kiev sous Vladimir le Grand en 988, expliquant qu'après tout, il s'agissait là d'un événement social positif, et le 29 avril 1988 Gorbatchev recevait au Kremlin le patriarche Pimen ainsi que les membres du Saint Synode. En accordant son appui à la Perestroïka, l'Eglise orthodoxe russe releva la tête, réclama la restitution de ses biens confisqués par le régime et se lança dans la construction d'églises. Le Pouvoir en place (ou ce

---

[138] Pravda Vostoka, 25 novembre 1986.

qui en restait), fut tout heureux de trouver ce nouvel allié et laissa faire.

Dès lors, les dirigeants islamistes ont réclamé l'égalité de traitement: ce qui était possible en Russie devrait l'être également en Asie centrale. Malgré une attitude très réservée du premier secrétaire du PC R. Nishanov qui remplaça en janvier 1988 I. Usmankhodjaev, la poussée islamique ne faiblit pas et s'accentua.dès l'accession de I. Karimov à la tête du Parti en juin 1989. Bien disposé à un renouveau d'un Islam modéré, séparé de l'Etat, le nouveau premier secrétaire du PC accorda une série de concessions et engagea des réformes vis-à-vis des institutions religieuses reconnues par l'Etat, tout en restant très ferme à l'encontre de l'Islam fondamentaliste, qui avait trempé dans les affrontements sanglants de Ferghana. On assista un peu partout en Ouzbékistan à la réouverture des mosquées et à la recrudescence des pratiques religieuses: dans les six premiers mois de 1989, le nombre de mosquées est passée de 84 à 144, et en mars 1990 elles étaient 250. Il a été envisagé de construire de nouveaux bâtiments pour la medressa de Boukhara et pour l'Institut Religieux Supérieur à Tashkent. En mars 1990 paraissait le premier N° du journal islamique ouzbek *Islam noori,* ainsi que les versions du Coran en ouzbek; une décision fut prise d'éditer *Muslims of the Soviet East* en cyrillique. Mukhamadsadyk Mamayusupov, le nouveau mufti de l'Asie centrale qui remplaça en février 1989 Shamsiddin Babakhanov, multiplia ses interviews aux journalistes de la presse écrite, et le 25 avril 1990 il est apparu à la télévision de Moscou pour plaider en faveur des libertés islamiques. Quelque 350 musulmans ouzbeks ont pu effectué en 1990 un pèlerinage à la Mecque; en 1991, ils seront plus d'un millier. Après l'indépendance le nombre des mosquées est monté à quelque 2.000.

William Fierman explique qu'«il est tout à fait probable qu'une des raisons principales du changement de la politique envers la religion au niveau fédéral et sur le plan républicain découlait de l'étroite corrélation entre la religion et la légitimité politique. Néanmoins, il semblerait que dès le début de 1989, les dirigeants d'Ouzbékistan sont allés au-delà d'une simple «tolérance» de la religion, et commencèrent à la soutenir. Ce changement paraît provenir de la reconnaissance par Karimov du fait que la religion et les dirigeants religieux peuvent être de puissants alliés dans les efforts visant à résoudre des problèmes cruciaux qu'affronte la république». [139] Quoi qu'il en soit, il est significatif qu'après son élection à la présidence de la République, Islam Karimov prêta le serment constitutionnel sur le Coran.

Si l'indépendance de l'Ouzbékistan s'accompagna donc d'une vigoureuse renaissance de l'Islam pendant longtemps opprimé, on assista en même temps à l'apparition des courants intégristes - très minoritaires - et à leur revendication impérative de créer immédiatement, sans tarder, si nécessaire par violence, un Etat islamique pur et dur. Cette revendication et cette action, nullement partagées par la grande majorité de la population, poseront beaucoup de problèmes et seront un obstacle majeur à la consolidation des fragiles structures du nouvel Etat ainsi qu'au processus de la démocratisation de la société politique ouzbèke. Les militants intégristes allaient dénier aux institutions étatiques laïques toute légitimité, en se proposant d'engager contre le régime laïque en place une action armée et des attentats terroristes. Aussi, les autorités gouvernementales ont-elles durci leurs positions, en renforçant le contrôle étatique de l'Islam, en interdisant les organisations publiques qui se réfèrènt à une plate-forme religieuse et en refusant notamment d'officialiser le

---

139 William Fierman, Policy Toward Islam in Uzbekistan in the Gorbachev Era, dans Nationalities Papers, Spring 1994, p. 237.

Parti islamique de renaissance d'Ouzbékistan, né en janvier 1991, qui est entré en guerre contre le régime. En février 1991, une loi a explicitement interdit la formation des partis politiques à connotation religieuse.

Or, en réclamant l'installation en Ouzbékistan d'un Etat islamiste, dès 1991-92, les extrémistes du groupuscule *Tavba* et du *Parti islamique de renaissance d'Ouzbékistan*, agissant sous la direction de T.A. Yuldashev et J. Hodjiyev (Namangani), se sont dit prêts à engager la lutte armée contre le pouvoir politique en place. Ayant pris le contrôle en décembre 1991 du siège de l'ex-Parti communiste de la région de Namangan, Tahir Yuldashev adressa au chef de l'Etat un ultimatum demandant qu'Islam Karimov jure publiquement sur le Coran sa fidélité à l'Islam, qu'il proclame sans tarder un Etat islamique, que la prière dans les mosquées devienne obligatoire pour toute la population y compris pour les dirigeants du pays, que le vendredi soit déclaré un jour ferié, et que les écoles coraniques soient ouvertes immédiatement.

Ne se laissant pas impressionner, le chef de l'Etat s'est rendu à Namangan où il a rapidement pris la situation en mains. Il procéda à la suppression du réseau des groupements islamistes *Adolat*, réagit en force contre les mouvements oppositionnels radicaux, protégea le mufti Muhammad Yousouf, chef de l'Islam officiel, contre les musulmans fondamentalistes qui réclamaient sa déposition, et expulsa *manu militari* des protagonistes islamistes venus en Ouzbékistan de l'Arabie saoudite, du Pakistan ou d'Afghanistan. Son coup d'Etat ayant échoué, Yuldashev s'est réfugié en Afghanistan où il allait organiser des camps d'entraînement des militants islamistes; d'autres camps ont été organisés au Tadjikstan et en Tchétchénie. Quant à Namangani, il se réfugia en 1992, au Tadjikstan, où il participa aux combats contre les forces gouvernementales dans la région de Kourgan-Tyoubin. Il organisa des camps d'entraînement des opposants armés qui allaient mener une action subversive en Ouzbékistan, et participa en 1997 et 1998 aux pourparlers en Turquie et en Afghanistan visant la prise du pouvoir à Tashkent. Il passa ensuite en Afghanistan où il allait mener la lutte armée aux côtés des Talibans: il y trouvera la mort. S'agissant des militants de «Tavba» (entrée dans la clandestinité), ils ont commis à partir de 1994 une série d'attentats terroristes à l'encontre des personnalités gouvernementales ouzbèkes.

Une vague d'attentats qui fut déclenchée dans la région de Ferghana en novembre-décembre 1997, et s'est poursuivie tout au long de 1998 a coûté la vie à plusieurs responsables locaux de l'Etat. Les autorités publiques ont réagi en dénonçant les méfaits du fanatisme wahhabite, en renforçant des mesures contre les militants islamiques du *Hizb-ut-Tahrir* (Parti de libération), et en procédant à plusieurs arrestations. S'inspirant des antécédants de Mustafa Kemal en Turquie, elles engagèrent la campagne contre le port de la barbe chez les hommes et le voile destiné à cacher le visage des femmes. En 1998, le gouvernement a pris la décision d'interdire les appels publics à la prière dans les agglomérations urbaines, décision qui fut approuvée par la majorité des habitants, tout en suscitant des réserves chez les fondamentalistes.

C'est également en 1998 que Oliy Majlis a révisé la loi de 1991 sur la liberté de conscience et les organisations religieuses: il faut désormais au moins 100 citoyens pour constituer une organisation religieuse et elle doit être reconnue par l'Etat. Selon les dispositions du Code pénal adoptées au mois de mai, toute personne reconnue coupable d'avoir créé une association religieuse non déclarée est passible de cinq ans d'emprisonnement.

Le 16 février 1999, les bâtiments gouvernementaux de Tashkent ont été secoués par cinq violentes explosions: il y avait treize morts et des dizaines de blessés. Perpétrés par des militants islamistes extrémistes prônant le *Jihad* (la guerre sainte), ces attentats avaient pour but d'éliminer le président Karimov et ses collaborateurs.

Le 29 juin 1999, la Cour Suprême d'Ouzbékistan a rendu son verdict dans l'affaire des vingt-deux prévenus accusés de conspiration criminelle. «De larges réformes avaient été engagées en Ouzbékistan après l'accession de ce pays à l'indépendance... Pourtant, certains éléments criminels, cachant leurs arrière-pensées et agissant sous le masque de l'Islam, ont commencé à semer les dissensions nationales et religieuses, en organisant une conspiration visant la prise du pouvoir et le renversement, par le «Jihad», du système constitutionnel dans la République d'Ouzbékistan...». En conséquence:

B.H. Abdullaev, K. Zakirov, M.A. Abdurakhmanov, Z.H. Dehkanov, Z.A. Hasanov et T.Z. Nuraliev ont été condamnés à mort (à être fusillés). Huit prévenus ont été condamnés à 20 ans de prison («high security imprisonment»), un à 18 ans de prison, deux à 15 ans, quatre à 10 ans. L'exécution des six personnes mentionnées plus haut a suscité une réaction de l'Union européenne.[140]

---

[140] La déclaration suivante de la Présidence, au nom de l'Union européenne, a été rendue publique à Bruxelles et à Lisbonne, le 28 janvier 2000:

«L'Union européenne s'oppose à la peine de mort dans tous les cas et demande qu'elle soit abolie partout dans le monde. Dans un premier temps, elle demande l'adoption de moratoires sur les exécutions.

Lorsque la peine de mort existe toujours, l'Union européenne insiste pour qu'elle ne soit appliquée que dans le respect des normes et règles internationalement reconnues.

L'Union européenne déplore vivement l'exécution des six personnes qui avaient été condamnées à la peine de mort à la suite de l'attentat à la bombe perpétré en février 1999 à Tashkent.

Tout cela n'a pas mis fin aux agissements anti-gouvernementaux des radicaux islamistes. Au mois d'août 1999 et 2000, l'armée ouzbèke a dû intervenir pour mater les incursions armées de commandos du Mouvement islamiste d'Ouzbékistan, qui venus d'Afghanistan, se sont infiltrés à quelque 80 kilomètres de Tashkent. Se proposant d'étendre leur action à l'ensemble de la région d'Asie centrale, les fondamentalistes ont changé la dénomination de leur organisation en *Mouvement islamiste du Turkestan*...

Cette situation n'a fait que renforcer la détermination des autorités publiques de combattre par tous les moyens la violence fondamentaliste. Deux membres du Mouvement islamique d'Ouzbékistan (MIO) ont été condamnés à mort par contumace les 14-17 novembre 2000; dix autres ont été condamnés à des peines de prison. «Allah merci, nous sommes tous des musulmans», déclara le président Karimov devant les députés de la septième session du Oliy Majlis, en décembre 2001. «Mais il est nécessaire de protéger notre religion contre les forces hostiles. Il est indispensable et il est urgent de protéger la religion contre tout négativisme, contre toute cruauté et toute organisation terroriste... C'est un devoir sacré de chaque fidèle, de chaque musulman»...

L'Union européenne considère que l'abolition de la peine de mort contribue à renforcer la dignité humaine et à faire évoluer progressivement les droits de l'homme. Cette mesure constitue également un pas essentiel vers la démocratie et la protection des droits de l'homme dans tous les pays qui l'appliquent.

L'Union européenne invite le gouvernement de l'Ouzbékistan à s'abstenir de recourir à la peine de mort et à prendre les mesures nécessaires pour l'abolir ou, au moins, pour adopter un moratoire.

Les pays d'Europe centrale et orientale associés à l'Union européenne, Chypre et Malte, pays également associés, ainsi que l'Islande, le Liechtenstein et la Norvège, pays de l'AELE membres de l'Espace économique européen, se rallient à cette déclaration».

b) La démocratie ouzbèke

De toute évidence, dans un pays du Tiers Monde ayant vécu pendant des siècles sous un régime coutumier essentiellement clanique, un pays à peine sorti d'une longue dépendance para-coloniale, on n'instaure pas une démocratie parlementaire par de simples lois ou décrets gouvernementaux, il faut que la société y soit préparée, il faut que les gens soient politiquement mûrs et sachent exactement de quoi il s'agit. La démocratie est un régime politique exigeant. Avant son accession à l'indépendance, l'Ouzbékistan n'a jamais connu une quelconque démocratie, il n'a jamais été gouverné démocratiquement et restait fermé à l'influence des idées libérales de l'Occident. Avant l'arrivée des Russes au XIXe siècle, il a connu les régimes absolutistes d'émirs et de khans, qui s'imposaient aux populations comme un fait sacré venant d'en haut: on s'y soumettait avec beaucoup de respect, sans discuter sa légitimité. «Traditionnellement, dit Levitin, le peuple ouzbek avait une relation respectueuse et indéfectible avec le pouvoir autoritaire. Elle ne résultait pas de la peur, mais procédait d'une conviction que l'autorité provenait d'une force supérieure, et qu'elle avait en fait une connotation religieuse. On pourra qualifier cette attitude de «paternalisme éthique», mais même avec une qualification différente, l'essence du phénomène reste la même: il s'agit d'une donnée».[141] Ce phénomène de la sacralisation du pouvoir n'était évidemment pas une spécificité de l'Asie, l'Europe l'a connue elle-aussi: ses penseurs politiques ont mis des siècles pour clarifier cette notion et se séparer des idées augustiniennes, profondément ancrées dans la société, selon lesquelles «il n'y a de pouvoir que celui qui vient de Dieu».

---

[141] Leonid Levitin, Uzbekistan on a historical threshold, op. cité, p. 132.

L'attitude des populations centre-asiatiques envers l'autorité politique n'a pas beaucoup évolué sous l'occupation de l'Empire russe, d'autant plus que l'autocratie tsariste, s'appuyant sur une police secrète, n'admettait ni les idées libertaires ni le moindre soupçon de dialogue politique. Lui succédèrent soixante-quinze longues années de régime totalitaire soviétique monolithique s'accompagnant d'un règne omniprésent du culte de la personnalité, à telle enseigne que la notion de démocratie est devenue pour la grande majorité de la population ouzbèke, surtout celle de la campagne, une notion abstraite, en tout cas très neuve. Beaucoup de gens se demandèrent: qu'est-ce exactement que d'être libres?

Vint l'Indépendance. Comme les autres républiques centre-asiatiques qui ont accédé à l'indépendance consécutivement à la dislocation de l'Union soviétique, l'Ouzbékistan a affirmé sa foi en la démocratie et s'engagea à oeuvrer pour l'instauration d'un Etat de droit fondé sur un système d'élections libres. A plus d'un égard, il s'agissait là de l'emprunt d'un modèle politique occidental ainsi que des techniques juridiques de sa mise en vigueur qui n'avaient pas beaucoup de racines dans les traditions du pays. Le Droit est un texte essentiellement écrit, alors que pendant des siècles l'écriture ne jouait dans ces régions centre-asiatiques qu'un rôle très subsidiaire: l'immense majorité de gens vivait sans l'écriture... Etant donné la situation fragile dans laquelle se trouva le pays sorti de l'Union, la notion de l'Etat de droit fut réduite dans l'immédiat à un symbole, à un idéal à atteindre.

La Constitution ouzbèke adoptée le 8 décembre 1992, s'inspira en grandes lignes du modèle français: elle affirma que l'Ouzbékistan est un Etat démocratique laïque, dans lequel le peuple constitue la seule source du pouvoir étatique. Elle proclama la primauté des valeurs communes de l'humanité, le pluralisme des opinions, la liberté religieuse, le droit de réunion et d'association, a garanti l'égalité des diverses formes de propriété, ainsi que la protection de la propriété privée et la liberté de l'activité économique. Elle a prévu le principe de la séparation des pouvoirs législatif, exécutif et judiciaire, mais en fait l'essentiel du pouvoir réside dans la branche exécutive, entre les mains du chef de l'Etat et de son conseil. Le Président est le commandant en chef des Forces armées, il nomme et révoque les ministres, les membres du corps diplomatique, les dirigeants de l'administration locale, ainsi que les membres de la Cour suprême et des organes judiciaires, ce qui implique que l'Ouzbékistan « still lacks an independent judicial system ». [142] Dès le 4 janvier 1992, les anciens Soviets des régions ont été remplacés par l'institution des *hakims*, des gouverneurs administratifs qui sont nommés par le Président sans l'intervention du Parlement, et directement subordonnés au chef de l'Etat. Ajoutons que tant la télévision que la presse écrite ont été placées sous l'égide des autorités politiques: le quotidien *Pravda Vostoka (*fondé dès le 2 avril 1917) devenait l'organe du Cabinet des ministres de l'Ouzbékistan, et dès le 1er janvier 1991, le Gouvernement et le Parlement (Oliy Majlis) créaient un autre quotidien *Narodnoe Slovo*, alors que le Parti démocratique populaire (successeur du Parti communiste), fondait en mars 1992 le journal *Holos Uzbékistana.*

Cette concentration du pouvoir entre les mains des ex-premiers secrétaires des Partis communistes est un fait commun à toutes les républiques de l'Asie centrale. Les autorités politiques expliquent que la transition entre l'ancien régime totalitaire et la mise en place progressive d'une démocratie selon un modèle occidental postulent prioritairement l'impératif d'une stabilité politique. L'indépendance des nouveaux Etats est trop

---

[142] The EU's relations with Uzbekistan – Overview, 9 septembre 2003, p. 6.

fragile et trop risquée, assurent-ils, pour abandonner dès à présent le postulat d'un pouvoir fort.

Tout en s'exprimant en faveur des réformes démocratiques et tout en reprenant à son compte certains points du programme du groupement *Birlik*, le président Karimov niait la possibilité d'une démocratisation immédiate intégrale des structures de l'Etat, il faut pour cela du temps. Le président ouzbek rappelait que, suite à la désintégration de l'URSS «toutes les républiques ex-soviétiques pensaient qu'il suffit de déclarer la démocratie et l'économie de marché, pour se hisser au niveau des pays occidentaux. En réalité, ce passage est un processus à long terme qui ne peut se réaliser que par étapes. La société doit être éduquée et préparée à ces réformes». [143]

En attendant, l'Etat ouzbek - qui rappelons-le, n'a pas été un produit spontané de l'histoire - exerce un pouvoir fort, l'Exécutif prenant le pas sur le Législatif: les dirigeants politiques expliquent que c'est pratiquement le seul moyen qui puisse empêcher la déconfiture de l'unité du pays et de sa souveraineté internationale, sans pourtant mettre en question le respect des finalités humaines du pouvoir.

- Il doit combattre *l'Islam fondamentaliste*, qui ne recule devant aucun moyen, y compris le terrorisme, pour renverser l'ordre constitutionnel en vigueur et instaurer un Etat totalitaire islamiste. Il n'est pas interdit de penser qu'un relâchement de la vigilance anti-terroriste comporte le risque d'instauration en Ouzbékistan des procédés violents actuellement en vigueur en Algérie.

- Il doit assurer une coexistence pacifique des 129 différentes *ethnies* qui cohabitent dans cet Etat multinational, où

[143] Le Soir, 12 novembre 1996.

les Ouzbeks et les Karakalpakais représentent 76 % de la population; leurs antagonismes peuvent constituer un frein à l'instauration d'un multipartisme politique digne de ce nom. L'irrédentisme tadjik de Samarkande et de Boukhara reste toujours une donnée politique, voire une menace potentielle: de nombreux ressortissants tadjiks ont plus d'une fois dénoncé leur nationalité ouzbèke, «artificiellement attribuée». Il y a aussi le problème des minorités ouzbèkes à l'étranger. En mai 2001, le Haut Commissaire aux minorités de l'OSCE, M. van der Stoel, demanda au président Akayev d'augmenter la participation des ressortissants ouzbeks dans l'administration publique kirghize et de garantir le fonctionnement à Osh d'une chaîne de télévision ouzbèke.

- En troisième lieu, il doit mener une lutte constante contre le fléau de la *corruption* qui subsiste à l'état larvé dans tous les rouages de l'administration de l'Etat et du Parti. Dans le contexte d'une pauvreté généralisée de la population, la détention d'une quelconque parcelle du pouvoir public constitue un instrument d'enrichissement individuel, une véritable monnaie d'échange afin d'acquérir, d'une manière illicite, toutes sortes d'avantages. Un manque de vigilance dans ce domaine conduit à de sérieux dérapages des structures de l'Etat et à son affaiblissement.

Enfin, il y a l'impérieuse nécessité de consolider sans relâche l'édifice de l'*identité nationale*, la seule qui puisse assurer à l'Etat ouzbek un avenir durable. Le président Karimov l'a bien compris. Dans l'attente d'une saine et progressive démocratisation du pays qui ne mettrait pas en danger son unité, son indépendance et sa stabilité politique, l' homme fort d'Ouzbékistan exalte volontiers le «passé ouzbek», espérant par là instaurer une nouvelle légitimité nationale: il se dit convaincu que le peuple ouzbek devrait bâtir son avenir en se référant à ses racines profondes et à son Histoire: après tout, Samarkande a été fondée il y a 2.750 ans, Boukhara il y a 2.500 ans, alors que le Khorezm avait atteint son apogée déjà au quatrième siècle avant Christ. Il évoque les grands hommes d'Asie centrale: le philosophe Farabi (870-950), le médecin Avicenne (980-1034), l'astronome Ouloug Beg (1394-1449), ainsi que le grand patriote Faisulla Khodjaev qui fait désormais partie de l'histoire de l'Ouzbékistan. Son modèle d'homme d'Etat sera Timour (1336-1405), connu en Occident sous le nom de Tamerlan. «Alexandre le Grand m'inspire beaucoup, mais c'est Tamerlan, le grand conquérant de l'Asie centrale, que j'admire le plus...»[144] C'est tout un programme. Comme Tamerlan, Karimov est originaire de Samarkande, ville que son grand prédécesseur voulait élever au rang de capitale du monde...

Le multipartisme politique ouzbek eut un enfantement difficile. Ayant fait voter une loi prévoyant que pour accéder au statut de parti politique et d'être enregistré par le ministère de la Justice, un groupement doit remplir certaines conditions - un minimum de 3000 membres et l'existence d'un programme - le nouvel homme fort d'Ouzbékistan fut d'avis que «le mouvement Birlik n'a pas pu satisfaire à la première condition». *Birlik (Unité)* n'a donc pas été reconnu et peu à peu il a connu une scission: rompant avec la fraction dirigée par A. Poulatov, M. Salikh allait créer une nouvelle formation politique, le parti *Erk (Liberté)*. Muhamad Salikh était secrétaire de l'Union des écrivains ouzbeks ; déjà en 1985 il se fit connaître par sa lettre à Gorbatchev protestant contre les atteintes aux valeurs culturelles nationales en Ouzbékistan. [145]

---

[144] *Entretien avec Islam Karimov. L'Ouzbékistan à l'heure de Moscou*, dans *Politique internationale*, 1994, p. 142. Tamerlan a créé par la force des armes un gigantesque empire dont Samarkande fut la capitale. Ses successeurs ont établi en Inde l'Empire des Moghols qui se dota d'une civilisation raffinée.

[145] Neil J. Melvin, Uzbekistan. Transition to authoritarianism on the Silk Road. Harwood Academic Publishers, 2000.

Après sa sépartion d'avec le *Birlik*, l'*Erk* qui comptait alors quelque 54.000 membres, finit par être officiellement enregistré en novembre 1991 auprès du Ministère de la Justice comme parti politique: il faut reconnaître qu'à l'origine, ces deux groupements avaient refusé une alliance avec les fondamentalistes islamistes. Néanmoins, l'*Erk* multiplia ses critiques et se déclara en opposition avec le pouvoir en place lui reprochant, entre autres, le maintien de ses relations suivies avec Moscou, pourtant indispensables dans l'attente de la détermination du statut juridique de l'Union dite rénovée, toujours en discussion. Il allait participer aux élections présidentielles de décembre 1991, les premières qui ont eu lieu dans l'Ouzbékistan indépendant, au cours desquelles Islam Karimov a été élu avec 86 % des voix, tandis que le leader d'*Erk*, Muhamad Salikh, a obtenu 12,3 % des voix; Birlik qui n'était pas officiellement constitué en parti politique, n'a pas été autorisé à présenter ses candidats. Quant au référendum tenu le même jour sur l'Indépendance de l'Ouzbékistan, il a dégagé une majorité de 98,2 %.

Salikh a contesté ces résultats, mais il avait été noté «qu'en réclamant la déposition d'un Président élu légalement, c'est Salikh qui rejetait le principe des élections libres». [146] Quoi qu'il en soit, peu après, Salikh entrait en conflit avec le président Karimov lequel n'appréciait guère certaines de ses déclarations admettant la légitimité du recours au terrorisme dans la lutte au pouvoir politique. Est-il exact «qu'à Tashkent, Salikh était flétri comme un conspirateur principal, lié aux Talibans afghans et aux groupements internationaux d'Islamistes radicaux»? [147] Tant Birlik qu'Erk ayant été écartés de la scène

---

[146] Leonid Levitin, Uzbekistan on a historical threshold, op. cité, p. 130.

[147] Oleg Yakubov, The Pack of Wolves. Moscow, Veche Publishers, 2000, p. 79.

politique ouzbèke, Salikh s'est réfugié en Turquie ; il fut accusé de former dans ce pays des militants chargés de combattre le régime constitutionnel ouzbek par la force des armes, et ensuite, en 1994, d'avoir poursuivi ses activités subversives en Tchétchénie. Il récusait ces accusations, tout en poursuivant ses activités publicistiques et ses émissions à la radio *Free Europe* et maintenant des contacts avec des organismes préconisant l'idée d'un Etat du Turkestan.[148]

Parmi d'autres dirigeants du Birlik qui avaient eu des démêlés avec les autorités judiciaires, mentionnons l'ancien co-président du Birlik et candidat à la présidence de la République, Abdourahim Poulatov, inculpé d' «atteinte à l'honneur et à la dignité du président»; en juin 1992, il a dû être hospitalisé après avoir attaqué par quatre hommes armés de barres de fer.[149] Les représentants d'Amnesty International qui ont pu se rendre en Ouzbékistan ont instamment prié les autorités «qu'une enquête approfondie soit menée sur les agressions visant les personnalités d'opposition et les journalistes».[150]

Le 24 septembre, le Soviet suprême s'est réunit pour la dernière fois : il allait être remplacé par un nouveau Parlement à une seule Chambre de 250 sièges, l'*Oliy Majlis*. 643 candidats se sont présentés aux élections législatives du 25 décembre 1994 et du 22 janvier 1995 : le Parti démocratique populaire (ex-parti communiste) a gagné 193 sièges, et le Parti du Progrès de la

---

[148] Muhammad Salih, Uzbekistan Today, dans ABN Correspondence (München), août-septembre 1993, pp. 32-33. Pendant des l années, l'ABN - Anti-Bolshevik Bloc of Nations - comptait parmi les membres de son Directoire Veli Kajum-Khan, président du Comité National du Turkestan.

[149] William Fierman, Political development in Uzbekistan: democratization?, dans Conflict, cleavage, and change in Central Asia and the Caucasus. Ed. by K. Dawisha and B. Parrott. Cambridge University Press, 1997, p. 385.

[150] Amnesty International, Rapport 93, p. 256.

Mère-Patrie 14 sièges. La formation du président Karimov allait disposer au Parlement d'une majorité absolue.

Le 26 mars 1995 fut tenu un référendum sur la prolongation de la durée des fonctions présidentielles de trois ans, jusqu'à l'an 2000: 99,6 % des votants ont approuvé cette initiative. En conséquence, les élections présidentielles prévues pour 1997 ont été annulées.

C'est également au mois de mars 1995 que six dirigeants d'Erk (interdit) - Mourad Djouraïev, Erkin Achourov, Nemat Akhmedov, Chavkat Kholbaiëv, Khochim Souvanov et Chavkat Mamatov - ont été reconnus coupables par la Cour suprême d'Ouzbékistan de conspiration visant à s'emparer du pouvoir et d'appel à la violence dans le but de renverser le régime constitutionnel de l'Etat; ils ont été condamnés à des peines allant jusqu'à douze ans d'emprisonnement. Quant à l'ancien vice-président d'Ouzbékistan Shoukroulla Mirsaïdov, devenu opposant au régime, il fut victime d'une agression et d'un enlèvement visant à le faire compromettre. Les autorités publiques ont réaffirmé leur attachement au respect de la loi et ont fait adhérer l'Ouzbékistan à la Convention contre la torture et autres peines ou traitements cruels, inhumains et dégradants (entrée en vigueur le 26 juin 1997).

Une loi ouzbèke du 7 janvier 1997 interdit les partis politiques qui, fondés sur les critères ethniques et religieux, préconisent la subversion de l'ordre constitutionnel en vigueur. Pour être reconnu, un parti politique doit compter au moins 5.000 adhérents et doit être représenté dans huit provinces du pays. Un parti politique qui a été reconnu a le droit de contester les résultats des élections, est autorisé à publier des journaux, et peut constituer des groupes parlementaires ou des représentations régionales.

Les partis d'opposition Erk et Birlik n'ont pas réussi à se faire enregistrer pour participer aux élections législatives des 5 et 19 décembre 1999: tous les candidats gouvernementaux ont été élus aisément aux 250 sièges d'Oliy Majlis, malgré la participation à ce scrutin de deux nouveaux partis réformateurs, le *Fidokorlar* (Parti national démocratique) et le *Vataan Taraqioti* (Parti du progrès de la patrie); ce fut également le cas des élections locales et régionales qui se sont tenues à la même époque. L'OSCE a exprimé ses réserves et n'a pas jugé opportun d'envoyer des observateurs pour superviser ce scrutin.

Le président Karimov fut réélu le 9 janvier 2000, avec 91,0 % des suffrages, une fois de plus pour cinq ans, son unique adversaire, Abdoullasiz Djalalov obtenant 4,1 % des voix. L'Organisation pour la sécurité et la coopération en Europe (OSCE) a dénoncé les modalités de ce scrutin et a refusé d'envoyer des observateurs à ces élections. Il n'en est pas moins vrai que c'est également à cette occasion que s'est produite au pays une certaine accalmie politique, plusieurs anciens opposants s'étant ralliés au pouvoir constitutionnel en place. Il avait été noté qu' «en janvier 2000, Sadikh fut autorisé à rentrer à Tashkent de façon inattendue. La raison de cette autorisation du président Karimov s'expliquait par le fait que Salikh allait faire à la TV un appel à tous les musulmans de voter aux élections présidentielles qui approchaient».[151]

La Constitution n'autorisant que deux mandats successifs de cinq ans, le président aurait dû, en principe, quitter le pouvoir en 2005. Or, conformément aux lois du 18 novembre 1991 et du 30 août 2001, ainsi qu'à la décision de la Septième session d'Oliy Majlis du 6 décembre 2001, un référendum eut

---

[151] Maarten Van den Heuvel, Islam Karimov en de islam in Oezbekistan, dans Internationale Spectator (La Haye), novembre 2000, p. 578.

lieu en Ouzbékistan le 27 janvier 2002, destiné à étendre de cinq à sept ans le mandat présidentiel et de créer un parlement bicaméral.[152] Les deux questions à l'ordre du jour ont été approuvées très largement, la première à 91,78 % des voix, la seconde à 93,65 %. L'Union européenne exprima ses réserves à l'encontre de cette initiative et s'est abstenue d'envoyer des observateurs pour vérifier le caractère démocratique de l'opération. Cela n'a pas empêché le Parlement ouzbek d'entériner, le 5 avril 2002, les résultats du référendum. L'organisation *Human Rights Watch* a dénoncé cette élection comme «une tentative évidente de s'emparer du pouvoir», mais ces modifications constitutionnelles n'ont pas suscité de protestations officielles de la part des puissances.

Début 2002, il y avait en Ouzbékistan quatre partis politiques:

a) *Parti populaire démocratique (NDPU)*, successeur de l'ancien Parti communiste. Il reste bien structuré et compte quelque 500.000 adhérants;

b) Parti national-démocrate «Fidokorlar». Apparu en 1999, il a fusionné l'année suivante avec le parti *«Vatan tarakkisti»*, fondé en 1992. Début 2002, le «Fidokorlar» comptait 30.000 membres et avait 52 députés au Parlement, dont il était la fraction la plus importante. Représenté surtout dans les régions de Boukhara, de Samarkande et de Tashkent, il tire ses ressources des cotisations de ses membres. Certaines de ses

---

[152] Закон Республики Узбекистан о референдуме Республики Узбекистан (новая редакция). (Loi de la République d'Ouzbékistan sur le référendum de la République d'Ouzbékistan; nouvelle rédaction). Tashkent, «Uzbekiston», 2001. E. Kh. Khalilov, Referendum of the Republic of Uzbekistan - an important stage in the development of the national State system. «Uzbekiston», 2002.

initiatives ont bénéficié d'un soutien financier de la *Fondation Konrad Adenauer*. Comme le Parti populaire démocratique, il soutient l'action gouvernementale;

c) *Parti démocratique «Milliy tiklanish»;*

d) *Parti social-démocrate «Adolat»*.

Ces deux dernières formations restent proches du «Fidokorlar». Leurs fusions n'étaient pas à exclure.[153]

Le Parlement sera transformé à la fin de la législature en une assemblée *bi-camérale*. Aux yeux des autorités gouvernementales, cette transformation permettra une représentation plus équitable de la société civile ainsi que des différentes composantes nationales.

Comme le notait le rapport sénatorial français en avril-mai 2001, «la présidentialisation accrue du pouvoir, observée depuis quelques années, a démenti les espoirs d'une démocratisation rapide, sans doute illusoire, dans des pays dépourvus de toute tradition libérale. Les modèles occidentaux ne sont évidemment pas transportables à court terme à des pays appliqués aujourd'hui à forger les bases de leur identité et à consolider leur indépendance. La mise en place d'un véritable Etat de droit prendra du temps».[154] En janvier 2003, l'Union européenne notait qu' « it seems that over the pas three years the democratic process in Uzbekistan has taken a step back to practice inherited from the Soviet arrangements ».

---

[153] Pravda Vostoka (Tashkent), 7 mai 2002.

[154] Sénat, Session ordinaire de 2000-2001. Annexe au procès-verbal de la séance du 10 mai 2001.

Selon des observateurs occidentaux, "ancien apparatchik de l'ère soviétique, le président Karimov dirige l'Ouzbékistan d'une manière de fer depuis l'indépendance en 1991. L'opposition a été réduite au silence. La plupart de ses chefs de file son en exil. Les médias sont aux ordres du régime, dont le leitmotif est la lutte contre *l'islamisme.* [155] Mais l'homme d'Etat ouzbek continue de récuser les accusations qui le désignent comme un dictateur. «Je comprends que certains milieux sont portés à présenter Karimov comme un dictateur. Je conviens que certains de mes agissements peuvent paraître autoritaires. Mais je peux l'expliquer aisément: dans une période historique, lorsqu'un peuple achève la formation de son Etat ou se trouve dans une situation transitoire en passant d'un système à un autre, le pouvoir exécutif fort est indispensable. Pour éviter les confrontations et une effusion de sang, il est essentiel de préserver le contrôle civil et interethnique, ainsi que la paix et la stabilité. Pour tout cela, je suis prêt à payer n'importe quel prix, même le plus élevé. Pour réaliser une démocratie, il est nécessaire d'aller de l'avant».

c) Droits de l'homme. Relations avec l'OSCE

L'inclusion des républiques centre-asiatiques au début des années 90 dans le champ d'activités de l'OSCE était une nouvauté: tout au long de la domination soviétique, ces pays sont restés à l'écart des préoccupations des puissances européennes qui ne les considéraient qu'à travers le prisme de l'URSS. [156] De nos jours, ces relations ont trait principalement au respect des droits de l'homme, inlassablement réclamé par la CSCE

[155] Le Monde, 11 janvier 2000.

[156] Alexander Rahr, L'Europe et l'Asie centrale, dans Commentaire, N° 94, été 2001, p. 283.

(OSCE), conformément aux principes fixés dans le document de Copenhague du 29 juin 1990.

Le gouvernement ouzbek ayant accepté ses engagements et ses responsabilités au sein de la CSCE, le Conseil de la Conférence réuni à Prague les 30-31 janvier 1992, a salué l'Ouzbékistan en tant qu'Etat membre de la CSCE. Aux termes des dispositions valables à partir du 1er juillet 1992, la contribution financière de l'Ouzbékistan au budget de la Conférence fut fixée à 0,55 %, soit le même montant que celui du Kazakhstan, alors que le Kirghizstan, le Tadjikstan et le Turkménistan interviennent chacun pour 0,20 %. Elle fut ramenée peu après à 0,475 %, et fut fixée pour 2003-2004 à 0, 41 %.

L'Ouzbékistan ayant confirmé son adhésion à l'Acte final de la Conférence d'Helsinki (1975), le président Karimov a assisté en 1992 à la Conférence de la CSCE à Helsinki. Une mission de la CSCE qui a visité du 11 au 18 mars 1992 le Turkménistan, l'Ouzbékistan et le Tadjikstan, a noté que selon les autorités de ces pays, ces derniers se trouvaient « at the very beginning of a difficult transition period. Their societies are deeply rooted in an old totalitarian system, which can be changed only gradually, on a step-by-step basis and in a context of stability. Their specific traditions have to be respected and in some cases it might take more time to combine them with modern Western-style features. Any change will only be possible through moderation and in cooperation with authorities". [157] Une seconde mission de la CSCE dans les pays d'Asie centrale eut lieu en avril 1993.

---

[157] Report of the CSCE Mission to Turkmenistan, Uzbekistan and Tajikstan. CSCE Communication N° 127. Prague, 7 avril 1992.

Le ministre des Affaires étrangères Saidmouhtar Saidkasimov s'est mis en évidence en demandant le 10 septembre 1993 l'octroi pour la CSCE de statut d'observateur à l'Assemblée générale des Nations Unies. [158] Le président Karimov a assisté au Sommet de Budapest de 1994 qui a transformé la CSCE en une Organisation, et a donné son accord à l'ouverture à Tashkent d'un Bureau de l'OSCE pour l'Asie centrale. De son côté, le Bureau de l'OSCE de Varsovie BIDDH qui a dans ses attributions la promotion des institutions démocratiques et des droits de l'homme dans les Etats membres, allait organiser dans les républiques d'Asie centrale de nombreuses rencontres, conférences internationales et séminaires consacrés à cette problématique. Après la tournée du Secrétaire général de l'OSCE dans les cinq Etats centre-asiatiques en février-mars 1994, le premier de ces forums régionaux, tenu à Tashkent en septembre 1994, fut organisé par le gouvernement ouzbek en collaboration avec le Secrétariat de l'OSCE. Celui de 1995 a réuni six organisations internationales, avec des spécialistes venant de 31 pays et en septembre 1996, la capitale ouzbèke a accueilli un autre important Colloque relatif aux droits de l'homme réunissant les représentants des organisations gouvernementales et non-gouvernementales, les membres du corps diplomatique, ainsi que des spécialistes venus de treize pays: Belgique, Bélarus, Saint-Siège, Danemark, Pays-Bas, Kazakhstan, Canada, Lettonie, Lituanie, Suisse, Etats-Unis, Suède et Ouzbékistan.[159]

Les chefs d'Etat et de Gouvernement qui ont participé au Sommet de Lisbonne de l'OSCE les 2-3 décembre 1996, ont souligné l'importance des Etats de l'Asie centrale dans cette Organisation. «Nous sommes décidés - ont-ils assuré - à

---

[158] Nations Unies, Assemblée générale, A/48/231, 10.

[159] Права человека - универсальная ценность (Droits de l'homme - valeur universelle, dans Pravda Vostoka (Tashkent), 11 septembre 1996.

accroître les efforts de l'OSCE en vue de développer dans cette région les structures démocratiques et le règne de droit, le maintien de la stabilité et la prévention des conflits».

En juillet 1995, l'OSCE a ouvert dans la capitale ouzbèke son Bureau de Liaison pour l'Asie centrale, qui a reçu pour tâche de promouvoir la coopération entre les Etats de cette région dans l'esprit des principes sur lesquels est fondée l'Organisation. En avril 2000, fut ouvert le bureau de l'OSCE à Osh, ville kirghize où les Ouzbeks représentent 43 % des habitants. Depuis novembre 2002, le Centre de l'OSCE à Tashkent est dirigé par l'ambassadeur Ahmet Erozan, ancien directeur du Ministère turc des Affaires étrangères pour l'Asie centrale et le Caucase. Le Centre déploie des activités dans la promotion des principes de démocratie et des droits de l'homme, préconise la formation de nouveau partis politiques dans la perspective des élections législatives de 2004, suggère aux autorités gouvernementales des mesures pour combattre le trafic de la drogue et des armes, et insiste sur l'urgence d'une réforme du système de prisons.

Les activités de l'OSCE en Ouzbékistan étaient-elles toujours à la hauteur de ses ambitions? Ses représentants ont-ils bien pénétré les spécificités de ce pays centre-asiatique, lequel est malgré tout, fort différent d'un pays européen. Certains pensent que «laisser penser, par exemple, que les élections représentent «l'alpha et l'oméga» de la démocratie est probablement une erreur. Les conditions de base nécessaires à la tenue d'élections démocratiques restent généralement absentes en Asie centrale... Plutôt que de blâmer ces Etats, l'OSCE devrait davantage les guider dans la bonne direction».[160] Sans nier l'intérêt des différentes initiatives de l'OSCE en Ouzbékistan, le

---

[160] Victor-Yves Ghebali, Le rôle de l'OSCE en Asie centrale, dans Défense nationale, juillet 2001, p. 126.

président Karimov a exprimé l'avis que parfois elles péchaient par un certain «juridisme». Pour réaliser dans le domaine des droits de l'homme des réformes réellement efficaces et durables, les autorités ouzbèkes préconisent la stratégie des petits pas, successifs et réfléchis, qui tiennent compte des réalités socioculturelles et du passé historique de la société ouzbèke.

En attendant, l'Ouzbékistan a confirmé son adhésion à la *Déclaration universelle des Droits de l'Homme* (10 décembre 1948) et a ratifié un bon nombre d'accords internationaux se référant à ces matières, conclus sous l'égide des Nations Unies:

- Convention relative à l'élimination de toutes formes de discrimination raciale (21 décembre 1965);
- Pacte international sur les droits civils et politiques (16 décembre 1966);
- Pacte international sur les droits économiques, sociaux et culturels (16 décembre 1966);
- Convention sur l'élimination de toutes formes de discrimination vis-à-vis des femmes (18 décembre 1979);
- Convention sur les droits de l'enfant (20 novembre 1989).

Ceci étant, des observateurs étrangers continuent à dénoncer la persistance d'un important décalage entre ces prises de position juridiques et les réalités politiques. Selon l'ONG internationale Human Rights Watch, il y avait en Ouzbékistan, début 2003, quelque 6.500 prisonniers politiques. Quant au rapport fait pour les Nations Unies par Teo Van Boven, il insista sur les pratiques de la torture dans les prisons que les dirigeants ouzbeks se sont engagés à éradiquer.

Dans une lettre au ministre ouzbek des Affaires étrangères Abdulaziz Kamilov, le représentant de l'OSCE pour la liberté des médias Freimut Duve, a soulevé début 2003 le problème de l'arrestation - selon lui arbitraire - des journalistes E. Bobojanov, G. Mehliboev, T. Toshev et O. Sarapulov. « The OSCE media commitments, a-t-il écrit, to which all participating States have subscribed, protect freedom of expression of all the media in the entire OSCE region, with special protection for independent and opposition media, which perform an important corrective function in society ». [161]

Dans sa communication du 3 avril 2003 à l'ambassadeur Erozan, chef du Centre de l'OSCE à Tashkent, l'Union européenne a réitéré ses « sérieuses préoccupations » en ce qui concerne le respect des droits de l'homme en Ouzbékistan ; elle a notamment dénoncé la mort sous torture de MM. Avazov, Alimov et Muminov, ainsi que la sentence de mort prononcée à l'encontre de M. Khudaiberganov. Pour sa part, le Rapporteur Spécial sur la Torture des Nations Unies a fait une série de recommandations au gouvernement ouzbek en vue de l'élimination de la torture et d'autres traitements dégradants qui portent atteinte aux droits de l'homme.

---

[161] OSCE Newsletter, mars 2003, p. 25.

IV. L'Ouzbékistan indépendant face à ses problèmes économiques

a) L'économie ouzbèke

Avec une population de près de 25 millions d'habitants (situation 2002) qui croît chaque année de quelque 600.000 personnes, l'Ouzbékistan est le pays le plus peuplé d'Asie centrale. Son problème prioritaire est donc d'aligner son développement économique à cette donnée démographique qui constitue une véritable contrainte: un taux de développement insuffisant a des conséquences sociales extrêmement préoccupantes. Près de 50 % de la population ouzbèke a moins de 18 ans.

L'économie ouzbèke dépendait traditionnellement de la monoculture du coton, mais les choses changent peu à peu. De nos jours, il est le quatrième producteur mondial du coton qui lui assure près de 40 % de ses recettes en devises; en 1992, ses exportations annuelles du coton brut et des produits textiles représentaient plus d'un milliard de dollars, soit plus de deux tiers de ses exportations totales. Il est le septième producteur mondial de l'or, ses réserves aurifères se situant en quatrième ou cinquième position; l'or ouzbek est la deuxième source de devises du pays, après le coton. [162] Le sol du pays contient des minerais tels que cuivre, argent, plomb, zinc, wolfram; l'Ouzbékistan est le quatrième exportateur d'uranium. La découverte de pétrole en mars 1992 à Ferghana a ouvert au pays de nouvelles perspectives: sa production d'hydrocarbures s'élève actuellement à quelque 8 milliards de tonnes par an, et ses réserves en gaz naturel sont estimées à 4.046 milliards de m ^{3}, soit le neuvième rang mondial. Il produit des engrais azotés, des fibres chimiques, l'appareillage électrique et les matériels pour la culture du coton, les tracteurs et les excavateurs , les tissus de coton et soie, les tapis, l'huile et conserves alimentaires. Avec l'aide des investisseurs étrangers, l'Ouzbékistan espère traiter une part plus importante de ses richesses sur place plutôt que d'exporter ses matières premières à l'étranger. Dès à présent, il compte sur le développement de ses industries automobile et aéronautique, de son électrotechnique et radioélectronique, ainsi que du traitement des produits agricoles.

Bien que la plupart des terres et plusieurs industries appartiennent toujours à l'Etat, depuis son accession à l'indépendance l'Ouzbékistan s'oriente vers l'instauration d'une économie de marché, et l'on espère que la formation progressive d'une classe moyenne ouzbèke contribuera à la longue à renforcer la stabilité sociétaire. Mais c'est une transition graduelle qui se propose d'éviter des bouleversements brusques

---

[162] 41 gisements d'or étaient répertoriés en 2001, mais faute de moyens, neuf seulement étaient exploités. Le site de Muruntau fournit 80 à 90 % de la production d'or, soit quelques 55 tonnes par an; il est exploité par la *Zarafchan Newmont* dans laquelle l'Etat ouzbek détient 50 % du capital. L'entreprise britannique *Oxus* (contrôlée elle-aussi à concurrence de 50 % par l'Etat) exploite les gisements d'Amantaytau. L'Etat agit via le combinat *Navoï,* qui est la première entreprise métallurgique du pays.

des structures économiques en vigueur. Ses principes de base ont été définis par le président Karimov:

- Il faut en premier lieu donner la priorité de l'économie sur la politique et éviter l'idéologisation des relations économiques tant intérieures qu'internationales;

- C'est l'Etat qui doit rester le principal artisan des réformes et l'initiateur de la transformation de la société ouzbèke;

- Il faut qu'il y ait un respect absolu de la loi et de l'ordre public garanti par elle, sans quoi aucun progrès véritable n'est possible;

- La politique économique doit être socialement orientée afin de protéger les couches de la population les plus vulnérables qui ne peuvent pas survivre sans l'aide de l'Etat. Il faut noter que, toutes proportions gardées, le niveau de vie de la population reste encore peu élevé: au 1er août 2000, le salaire minimum était fixé à 10.000 soums par mois;

- La transition de l'économie ouzbèke vers le marché libre doit être menée graduellement, de manière évolutive.

L'observation rigoureuse de ces principes doit éviter à l'Ouzbékistan des pratiques de corruption généralisée qu'il a connues dans le passé ainsi que la constitution de structures économiques parallèles qui mettraient à néant le véritable décollage de son économie. La corruption n'est certes pas un monopole ouzbek, elle est inhérente à tout pays en voie de développement où la population se débat dans une grande misère: comment peut-on n'être pas corrompu lorsqu'on gagne dix à vingt dollars par mois, peut-on nourrir avec cela la famille? En fait le niveau de vie des gens est resté très bas: il n'est pas facile de vivre décemment avec un salaire mensuel de 4.535 soums - le minimum légal depuis le 1er août 2002 - ou avec une pension mensuelle de 8.970 soums. La corruption devient particulièrement pernicieuse lorsqu'elle est pratiquée à des échelons de l'administration étatique, surtout parmi les hauts dirigeants des institutions de l'Etat. Une privatisation désordonnée et mal contrôlée s'accompagne nécessairement du phénomène de corruption: après la dislocation de l'URSS, elle a débouché en Russie, en Ukraine et dans les pays du Caucase sur la constitution de véritables mafias économiques s'enrichissant grassement au détriment des populations laborieuses, et bien entendu, les dirigeants ouzbeks se veulent d'éviter de tels dérapages.

A l'instar d'autres républiques ex-soviétiques riches en matières premières comme l'Azerbaïdjan et le Turkménistan, l'Ouzbékistan multiplia les tentatives visant à prendre ses distances avec la Russie, soupçonnée de vouloir profiter de sa position dominante au sein de la CEI pour exploiter les richesses de ses ex-colonies. Il a donc développé les relations avec ses partenaires asiatiques comme la Turquie, l'Iran, la Chine et le Japon, ainsi qu'avec l'Union européenne: comme l'ensemble de son réseau routier et ferroviaire était traditionnellement tourné vers la Russie, il s'appliqua à tracer de nouveaux axes, aussi bien vers l'Est que vers l'Ouest. Ce rééquilibrage géographique prend un certain temps, car pendant de longues années l'économie ouzbèke était intimement liée à celle d'autres républiques de l'URSS, et à l'exception de ses matières premières, l'Ouzbékistan ne dispose pas encore de beaucoup de produits finis qui pourraient être intéressants pour ses nouveaux partenaires. Néanmoins, par rapport aux années d'avant l'indépendance, la situation a déjà fortement changé: la CEI ne représente actuellement que quelques 37 % des exportations de l'Ouzbékistan, contre 50 % en 1995, et 28,5 % de ses importations, contre 35 % en 1995. [163]

---

[163] Ces chiffres doivent être considerés avec prudence: selon les économistes russes, le commerce intra-CEI de l'Ouzbékistan ne représentait en 1999 que quelques 25 % de ses exportations totales, 75 % de ses ventes s'effectuant hors de la CEI, alors que les importations intra-CEI

L'usine d'assemblage des voitures de la compagnie coréenne *Daewoo* à Assaka, dans la vallée de Ferghana, fabrique près de 100.000 voitures par an. Au printemps 1999, fut constituée la société mixte ouzbéko-turque *Samkochavto* qui s'est proposée de réaliser l'assemblage d'autocars et de camions de différentes marques. L'usine aéronautique de Tashkent produit des avions militaires de transport Iliouchine-76. On y a commencé l'assemblage de l'avion civil ouzbéko-russe de moyennes distances Iliouchine-114-100, destiné à remplacer sur les lignes aériennes internes les appareils vieillis Yakovlev-40 et Antonov-24. Cet avion est équipé de moteurs canadiens «Pratt and Witney» et d'hélices américaines «Hamilton standard».

Avant 1991, l'Ouzbékistan importait annuellement près de 6 millions de tonnes de pétrole et exportait en même temps jusqu'à sept à huit milliards de mètres cubes de gaz. La découverte de pétrole à Ferghana allait modifier ces données, l'Ouzbékistan devenant autosuffisant en produits pétroliers. Les technologies de pointe «cycling process» ont été appliquées avec succès par la compagnie américaine *Kellogg* et la société japonaise *Nisho Ivai* pour augmenter l'extraction des hydrocarbures du gisement de condensat de pétrole Kok doumalak. En coopération avec la compagnie française *Technip* et la société japonaise *Marubeni*, la raffinerie de pétrole de Boukhara fut mise en exploitation en août 1997: au premier stade, elle devait raffiner deux millions de tonnes de pétrole annuellement. Bénéficiant des crédits de la BERD, la modernisation de la raffinerie de pétrole de Ferghana, en coopération avec la société japonaise *Mitsui*, permet le traitement du pétrole ouzbek à haute contenance en souffre pour en obtenir l'essence automobile, le gazoil et le kérosène. Le

---

représentaient 28 % des importations totales ouzbèkes. Cfr. Содружество независимых государств в 1999 году (La Communauté des Etats indépendants en 1999). Moscou, 2000, p. 33.

consortium des compagnies suédo-suisses *ABB*, *Lumus Global* (Etats-Unis), *Mitsui* (Japon) et *Nisho Ivai* (Japon) a construit sur le site Chourtan, dans le désert de Kizil-koum, une importante unité de production de polyéthylène, qui assure à l'Ouzbékistan l'autosuffisance en cette matière première de base pour l'industrie chimique. Dès 1997, le pays bénéficia d'une autonomie énergétique; le pétrole et le gaz représentent plus d'un quart des recettes budgétaires.

Quant à l'agriculture ouzbèke - environ 30 % du PNB - elle garde sa vitalité et se trouve relativement peu affectée par les troubles extérieurs. Dans la mesure où elle peut réduire sa dépendance par rapport à la quasi-monoculture du coton, elle serait capable d'assurer au pays son autonomie agro-alimentaire. En 2001, la récolte des blés était en hausse: 4,7 millions de tonnes, soit une moyenne de 41,5 quintaux par hectare.

Tout en privilégiant une option de *réformes graduelles*, les autorités gouvernementales se sont mis à moderniser les circuits économiques pour les orienter progressivement vers une économie de marché. On est cependant loin d'une véritable privatisation: les principaux secteurs de la vie économique n'opèrent que sous l'égide de l'Etat et environ 70 % de la production nationale provient des entreprises étatiques. Selon les indications officielles, le secteur public ouzbek comptait au début de 2002 937 entreprises, l'Etat détenant en outre des participations dans le capital de 2434 sociétés anonymes et dans 394 firmes à responsabilité limitée. L'Etat est notamment majoritaire dans les industries pétrolière, gazière et extractive, dans le secteur de l'électro-énergie, dans l'industrie chimique, les transports et les communications.[164] Les autorités publiques procèdent à ces réformes graduellement, voulant éviter

[164] Exposé du président I. Karimov devant le Cabinet des ministres du 18 juillet 2002, dans Pravda Vostoka (Tashkent), 19 juillet 2002.

toute brusquerie, toute thérapie de choc, sachant pertinemment que certaines privatisations n'ont pas que des effets positifs: elles risquent également d'aggraver le chômage. Le gouvernement avait prévu de privatiser en 2001-2002, pour la plupart partiellement, 1.422 sociétés, des prises de participation étrangères ayant été prévues pour des entreprises comme l'aciérie d'Almalyk (46 %), l'usine d'aviation *Tchkalov* de Tashkent (25,6 %), l'usine de câbles *Uzkabel* (39 %), la cimenterie *Akhangarantcement* (25 %), l'*Uzbektelekom* (51 %), l'entreprise chimique *Uzkhimprom*, etc. [165]

Ces derniers temps, les autorités publiques se sont attachées à soutenir le développement des *petites et moyennes entreprises* qui interviennent pour 33 % dans la formation du produit national brut; au 1er juillet 2002, il y avait en Ouzbékistan plus de 200.000 de telles entreprises. C'est un segment important de l'économie ouzbèke dont la croissance reste hélas freinée par l'inertie et la lourdeur des administrations locales.

Le déficit public reste limité et se situe aux environs de 3 % du PIB, alors que la dette extérieure s'élève à 4,6 milliards de $, soit 60 % du PIB. Depuis 1998, la balance commerciale reste excédentaire grâce notamment à la réduction drastique des importations qui ne représentaient en 2000 que 2,7 milliards de $. Une nouvelle nomenclature d'exportations, conforme aux normes internationales, a été mise en vigueur le 1er mars 2001. Depuis l'indépendance, le taux d'inflation avait pris des proportions inquiétantes: 640 % en 1992, 530 % en 1993 et 720 % en 1994, mais ces dernières années on note une amélioration: pendant les six premiers mois de 2002, le taux d'inflation mensuelle s'établissait à 1,1 %, contre 1,5 % en 2001. L'état de

---

[165] Irène Kamenka, Ouzbékistan 2000-2001, dans Le courrier des pays de l'Est, novembre-décembre 2001, p.104.

la monnaie nationale reste toujours préoccupant Sorti *volens nolens* de la zone rouble, l'Ouzbékistan introduit le 1er juillet 1994 sa monnaie nationale, le soum, le taux de change initial ayant été fixé à 1:7 par rapport au dollar américain. Peu après, il chutait lourdement: le 1er mai 2000, le taux de change officiel a été dévalué de 36 %. Il se distinguait du taux de change commercial pratiqué sur le marché interbancaire et du taux parallèle (en principe illégal), mais le 1er novembre 2001 les deux premiers ont été unifiés. Au 16 juillet 2002, un $ valait officiellement 757,04 soums, alors qu'au marché noir il fallait environ 1.400 soums pour un dollar. Malgré tous leurs efforts les autorités gouvernementales n'ont pas réussi à assurer au soum sa convertibilité. Les dépôts bancaires bénéficient d'un taux d'intérêt annuel de 42 %, porté à 51,1 % en cas de capitalisation mensuelle.

b) Relations avec l'Union européenne

Dans leur Déclaration relative aux *«Lignes directrices» sur la reconnaissance de nouveaux Etats en Europe orientale et en Union soviétique*, la Communauté européenne et ses douze Etats membres ont affirmé le 16 décembre 1991 leur volonté de reconnaître, «conformément aux normes acceptées de la pratique internationale et tenant compte des réalités politiques dans chaque cas concret», les nouveaux Etats «qui se constitueraient sur une base démocratique, auraient accepté les obligations internationales pertinentes, et se seraient engagés de bonne foi dans un processus pacifique et négocié». Les Républiques devaient introduire leurs demandes de reconnaissance avant le 23 décembre et les décisions de la Communauté interviendraient avant le 15 janvier 1992.

La mise en vigueur de cette procédure ne tarda pas. Peu après la Conférence d'Alma-Ata (21 décembre) et la démission du président Gorbatchev (25 décembre), la Communauté et ses Etats membres ont pris acte que «l'URSS en tant que sujet du droit international et réalité géopolitique n'existe plus», tout en notant (maladroitement) que les droits et obligations de l'ex-URSS seront désormais assumés par la Russie, attitude qui sera ultérieurement rectifiée. Les nouveaux Etats, parmi lesquels l'Ouzbékistan, ayant accepté de remplir les obligations et les engagements demandés, la Communauté et ses Etats membres ont déclaré le 15 janvier 1992 leur volonté de procéder à leur reconnaissance.

C'est de bonne heure que l'Ouzbékistan a manifesté son intérêt pour nouer des liens plus étroits avec l'Union européenne : « l'Europe occupe une place prioritaire dans notre politique extérieure ; nos principaux partenaires économiques sont européens », dira le ministre ouzbek des Affaires étrangères, A. Kamilov. [166] En effet, le commerce de l'Ouzbékistan avec les pays de l'UE était excédentaire de 214 millions d'écus en 1993, et les perspectives pour les années suivantes paraissaient favorables.

En novembre 1993, l'Ouzbékistan signa la Charte de Paris pour une nouvelle Europe, et ses dirigeants ont exprimé le désir d'aller plus loin, mais les choses ont traîné: à plusieurs reprises, l'Union européenne a exprimé ses préoccupations en ce qui concerne l'autoritarisme des régimes politiques des républiques de l'Asie centrale et a refusé de reconnaître la légitimité des élections qui se sont tenues dans ces pays. Le Conseil européen qui s'est tenu à Luxembourg, le 4 octobre 1994, a convenu de réactiver, dans un premier temps, les

---

[166] Ouzbékistan : « L'Europe est pour nous une priorité, dans La Libre Belgique (Bruxelles), 9 avril 1998.

relations économiques et commerciales avec l'Ouzbékistan et le Turkménistan sur la base de l'ancien accord de 1989 avec l'URSS en leur proposant la convocation des commissions mixtes. En même temps, il a invité la présidence à élaborer - en concertation avec la Commission et les ambassades des Etats-membres sur place - un rapport sur la situation concernant le respect des droits de l'homme. Le Conseil a ajouté qu' «une décision pourra être prise par la suite d'entamer les contacts exploratoires en vue de la négociation d'accords de partenariat et de coopération». En attendant, l'Union européenne a établi, le 16 novembre 1994, les relations diplomatiques avec l'Ouzbékistan, mais s'est abstenue d'envoyer des observateurs aux élections parlementaires dans ce pays un mois plus tard, au cours desquelles le Parti démocratique du Peuple (néo-communiste) a obtenu 96 % des suffrages.

Ces réserves n'ont pas empêché le développement des liens économiques, mais cela a pris un certain temps. A plus d'un égard, l'Asie centrale restait *terra incognita* pour l' Union européenne qui tardait à esquisser une approche commune vis-à-vis de cette région: guidés par leurs intérêts économiques, les Etats membres poursuivaient leur propre politique. Le 9 février 1995, la Commission de l'UE a proposé au Conseil une stratégie d'ensemble en ce qui concerne les relations avec les cinq républiques d'Asie centrale, mais s'agissant de l'Ouzbékistan et du Turkménistan, la Commission a reconnu dans sa communication du 9 juin 1995 que «les conditions politiques dont l'UE assortit la négociation d'un APC (c'est-à-dire les principes énoncés dans les documents de la CSCE) ne seront probablement pas réunies à court terme», et qu'en conséquence, les relations avec ces deux pays continueront à être fondées sur l'accord de 1989 entre la Communauté et l'Union soviétique.

Le 12 juin 1995, le Conseil Affaires générales a invité la Commission à engager des entretiens exploratoires avec l'Ouzbékistan et à faire rapport sur l'évolution dans le domaine des droits de l'homme et de la démocratie. Lors de la réunion le 27 juillet avec les représentants de la Commission, le président Karimov a esquissé la stratégie de réformes de son gouvernement : son objectif est de transformer le pays en une démocratie moderne et multipartite. Néanmoins, « le changement doit être progressif. Une trop grande hâte pourrait accentuer les tensions ethniques ou les disparités régionales et compromettre la durabilité du processus de réforme lui-même ». [167]

La Commission a conclu que « l'Ouzbékistan n'est pas encore un Etat vraiment démocratique et le pouvoir y reste concentré dans les mains du président. » Le problème essentiel réside dans le fait que « les garanties constitutionnelles ne sont pas toujours appliquées en pratique en raison des lacunes du système juridique, du manque de juridictions compétentes, de l'absence d'ONG et d'une population et d'une administration non conscientes de leurs droits et de leurs obligations ». Néanmoins, ayant conclu que « des améliorations quantitatives sont possibles », la Commission suggéra d'engager avec l'Ouzbékistan des négociations APC.

Il faut noter que le rapport sur les Droits de l'Homme en Ouzbékistan, rédigé à la demande du Conseil par la présidence allemande, avait constaté la régression des pratiques répréhensibles à l'encontre de l'opposition, et a noté que «les droits des minorités sont largement respectés». L'amnistie accordée aux dissidents par le président Karimov en novembre 1994 et l'autorisation de la transmission à Tashkent des programmes de la *Radio Free Europe/Free Liberty* ont été interprétées «comme une preuve de ses bonnes intentions», et en

---

[167] Communication de la Commission au Conseil. Les relations contractuelles de l'UE avec l'Ouzbékistan. Bruxelles, le 16 janvier 1996, SEC (96) 41 final.

outre, l'Union européenne a apprécié l'intérêt manifesté par les autorités ouzbèkes pour l'établissement d'un bureau de l'OSCE dans la capitale de la République. Aussi, conduite par F. Fotsadis, la délégation de l'UE qui visita l'Ouzbékistan en juillet 1995, recommanda-t-elle au Conseil l'ouverture des négociations avec ce pays. Les discussions préliminaires à un accord ont eu lieu en juillet de cette année à Tashkent, et ensuite en novembre 95 à Bruxelles. Engagées le 16 janvier 1996, les négociations proprement dites ont abouti à la signature, le 21 juin 1996, d'un *Accord sur le partenariat et la coopération (APC),* qui se réfère largement à l'instauration en Ouzbékistan d'une «société civile basée sur l'Etat de droit» (Art. 1er), et évoque les droits de l'Homme, dont le respect conditionne la mise en vigueur de ses dispositions.

Comme les autres APC (non préférentiels), celui conclu avec l'Ouzbékistan instaure, pour une durée minimale de dix ans, une large coopération entre les deux parties, hormis les aspects militaires et de sécurité. Il établit un dialogue politique qui accompagne et consolide le rapprochement entre les signataires et encourage le respect des principes de la démocratie et de la promotion des droits de l'homme, particulièrement de ceux des minorités. Lorsqu'il y a lieu, ces consultations politiques sont organisées soit au plus haut niveau, soit au niveau ministériel.

L'Accord comporte de nombreuses dispositions relatives aux échanges de marchandises, à l'établissement des entreprises, à la protection de la propriété intellectuelle et au flux des capitaux. Les parties contractantes s'accordent mutuellement le *traitement de la nation la plus favorisée* dans tous les domaines en ce qui concerne:

- les droits de douane et taxes applicables aux importations et aux exportations, y compris le mode de perception de ces droits et taxes;

- les dispositions relatives au dédouanement, au transit, à l'entreposage et au transbordement;

- les taxes et autres impositions intérieures de toute sorte applicables directement ou indirectement aux marchandises importées;

- les modes de paiement et de transfert des paiements relatifs aux échanges de marchandises;

- les règles relatives à la vente, l'achat, le transport, la distribution et l'usage des marchandises sur le marché intérieur.

Aux termes de l'Art. 8, § 3 de l'Accord, pendant une période transitoire devant se terminer au plus tard le 31 décembre 1998 - ou au moment de l'adhésion de l'Ouzbékistan à l'O.M.C., si cet événement est antérieur à la date précitée - l'Ouzbékistan pourra accorder un traitement plus avantageux aux autres républiques indépendantes issues de l'ancienne U.R.S.S. L'annexe N° 1 a précisé que l'Ouzbékistan peut accorder ces avantages à des républiques avec lesquelles il a signé des accords de libre-échange, à savoir: Biélorussie, Géorgie, Kazakhstan, Moldavie, Fédération de Russie, Turkménistan et Ukraine.

L'application de l'Accord peut être suspendue en cas de violation de ses éléments essentiels, à savoir le respect des principes démocratiques et des droits de l'homme, ainsi que des principes de l'économie de marché. Une clause de sauvegarde inclut le principe de la consultation, mais des mesures d'urgence peuvent être prises sans consultation préalable «lorsqu'elles se justifient». La formule de type «pays à commerce d'Etat» a été maintenue, et la clause de sauvegarde pourra s'appliquer au cas où des importations seront faites dans des quantités ou à des conditions de nature à porter préjudice aux producteurs nationaux. L'Accord n'a pas exclu l'application éventuelle des mesures antidumping.

A quelques exceptions près, le transfert de paiements et de capitaux est libre, notamment s'il est lié à des opérations commerciales ou à des investissements directs.

L'Ouzbékistan s'est engagé à poursuivre ses efforts en vue d'atteindre, cinq ans après l'entrée en vigueur de l'accord, un niveau de protection des droits de *propriété intellectuelle, industrielle et commerciale* similaire à celui existant dans la Communauté. A la fin de la cinquième année, il adhérera aux conventions multilatérales suivantes:

- Convention de Berne pour la protection des oeuvres littéraires et artistiques (Acte de Paris, 1971);
- Convention internationale pour la protection des artistes interprètes ou exécutants, des producteurs de phonogrammes et des organismes de radiodiffusion (Rome, 1961);
- Protocole relatif à l'Arrangement de Madrid concernant l'enregistrement international des marques (Madrid, 1989);
- Arrangement de Nice concernant la classification internationale des produits et des services aux fins de l'enregistrement des marques (Genève, 1977, révisé en 1979);
- Traité de Budapest sur la reconnaissance internationale du dépôt des micro-organismes aux fins de la procédure en matière de brevets (1977, modifié en 1980);
- Convention internationale pour la protection des obtentions végétales (Acte de Genève, 1991).

Reconnaissant l'importance de *l'harmonisation des législations* pour le renforcement des liens économiques avec les pays de l'Union européenne, l'Ouzbékistan s'efforcera - avec l'assistance technique communautaire - de rendre graduellement sa législation compatible avec celle de la Communauté. Aux termes de l'Art. 42, § 2, le rapprochement des législations s'étend en particulier aux domaines suivants:

- Législation douanière, droit des sociétés, législation sur les services bancaires et autres services financiers, comptabilité et fiscalité des entreprises, propriété intellectuelle, protection des travailleurs sur le lieu de travail, règles de concurrence y compris toutes les questions et pratiques connexes affectant les échanges, marchés publics, protection de la santé et de la vie des personnes, des animaux et des plantes, environnement, protection des consommateurs, fiscalité indirecte, règles et normes techniques, lois et réglementations nucléaires, transports, télécommunications.

L'Union européenne s'engagea à apporter à l'Ouzbékistan une *assistance* en matière de réformes économiques, de services financiers, de transport, d'énergie, d'environnement, d'éducation, de formation, de sciences et de technologie, ainsi que dans le domaine des droits de l'homme et de la mise en place d'institutions démocratiques. L'Ouzbékistan bénéficiera du programme *Tacis* en tant qu'instrument d'appui à son processus de réformes. L'Union européenne s'engagea également à aider l'Ouzbékistan à préparer son adhésion à l'Organisation mondiale du Commerce.

La *mise en oeuvre* de l'accord est supervisée par le *Conseil de coopération*, qui se réunit au niveau ministériel une fois par an, et dont la présidence est exercée à tour de rôle par un représentant de la Communauté et par un membre du gouvernement d'Ouzbékistan. Chaque partie peut saisir le

Conseil de tout différend relatif à l'application et à l'interprétation de l'accord. Le Conseil peut régler les différends par voie de recommandation (Art. 89). Il est assisté dans l'accomplissement de ses tâches par un *Comité de coopération*, qui travaille au niveau des hauts fonctionnaires. La *Commission parlementaire de coopération* est l'enceinte de rencontre et de dialogue entre les membres du Parlement d'Ouzbékistan et ceux du Parlement européen; elle se réunit selon une périodicité qu'elle détermine.

Pour régler les différends découlant des transactions commerciales et de coopération, les deux parties encouragent le recours aux règles d'*arbitrage* élaborées par la Commission des Nations Unies pour le droit commercial international (C.N.U.D.C.I.) et à l'arbitrage par tout organisme d'un pays signataire de la Convention sur la reconnaissance et l'exécution des sentences arbitrales étrangères, signée à New York, le 10 juin 1958 (Art. 86).

L'Accord sur le partenariat et la coopération avec l'Ouzbékistan, est entré en vigueur le 1er juillet 1999. Il a certes permis à la partie ouzbèke d'accroître ses exportations, mais en même temps révéla la rigueur des réglementations communautaires: l'Ouzbékistan fut l'objet des droits antidumping instaurée par la Commission à l'encontre de certaines de ses exportations vers l'UE, notamment en ce qui concerne le zinc et les métaux non-ferreux.

Un accord spécifique a réglé le commerce des produits *textiles*: paraphé le 4 décembre 1994, il a été appliqué depuis le 1er janvier 1996, en attendant sa conclusion formelle. Reconduit par un échange dee lettres, cet accord est applicable jusqu'au 31 décembre 2004. Il a été convenu qu'un autre accord spécifique sera négocié en ce qui concerne les produits *nucléaires;* pour les produits *C.E.C.A.*, l'accord du 21 juin 1996 a maintenu la possibilité de restrictions quantitatives.

L'Ouzbékistan est le second partenaire de l'UE en Asie centrale, après le Kazakhstan. En 2000, les exportations bilatérales de l'Ouzbékistan vers les pays de l'Union européenne ont porté sur 484 millions d'écus, tandis que les importations ouzbèkes en provenance de ces pays se sont élevées également à 484 millions d'écus.[168] La partie ouzbèke exporte notamment le coton et les produits textiles, les pierres précieuses et semi-précieuses, les métaux non-ferreux, et depuis 1999 l'or. Ses importations consistent notamment en articles de haute technologie, les moyens de télécommunication et les équipements mécaniques.

Parmi les pays membres de l'Union européenne qui sont les plus actifs partenaires commerciaux de l'Ouzbékistan, on peut mentionner l'Allemagne, la Grande-Bretagne, l'Italie, les Pays-Bas, la France, la Belgique et l'Autriche.

La première réunion du *Conseil de coopération entre l'Union européenne et la République d'Ouzbékistan* s'est tenue le 13 septembre 1999, sous la présidence de M. Sasi, ministre finlandais du Commerce extérieur et des Affaires européennes et président en exercice du Conseil. La délégation ouzbèke était conduite par M. Kamilov, ministre des Affaires étrangères. La Commission européenne était représentée par M. Van den Broek

Les parties ont estimé que cette réunion constituait en soi un événement historique dans les relations entre l'U.E. et l'Ouzbékistan. Elles ont confirmé leur ferme volonté d'intensifier les relations politiques, économiques, financières et culturelles

---

[168] The EU's relations with Uzbekistan – Overview, 9 septembre 2003, p. 7.

ainsi que d'appuyer le processus de réforme démocratique et de transition vers une économie de marché engagé par l'Ouzbékistan.

Le président du Conseil a émis l'avis qu'en 1999-2000, la coopération devrait porter sur des mesures visant à faciliter les échanges commerciaux et les investissements ainsi que sur l'utilisation des programmes Traceca (Couloir de transport Europe-Caucase-Asie) et Inogate (Transport inter-Etats de pétrole et de gaz vers l'Europe), sur la poursuite du soutien au processus de démocratisation et sur la lutte contre le trafic de drogue. Les ministres ont également eu un échange de vues sur les questions de politique étrangère d'intérêt commun, notamment en Asie centrale.

Le *Conseil de coopération* s'est réuni à Bruxelles pour la seconde fois le 23 janvier 2001 sous la présidence de Mme Lindth, ministre suédoise des Affaires étrangères et présidente en exercice du Conseil. La délégation ouzbèke était conduite par M. Kamilov, ministre des Affaires étrangères.

Les parties ont noté avec satisfaction que toutes les institutions créées par l'accord de partenariat et de coopération ont tenu leurs premières réunions, ce qui a permis d'intensifier le dialogue et la coopération dans les domaines du commerce, des investissements et des échanges. Sur le plan politique, les parties se sont engagées à poursuivre leur coopération en matière de droits de l'homme et de démocratie; il a été noté que les autorités d'Ouzbékistan ont donné l'autorisation à des observateurs étrangers d'assister à des procès pour atteinte à l'ordre constitutionnel et ont réitéré leurs assurances au sujet du respect de la liberté religieuse; la Croix Rouge internationale fut autorisée à inspecter les lieux de détention. Les parties ont également abordé les réformes économiques qui sont nécessaires pour attirer les investisseurs étrangers en Ouzbékistan, la coopération régionale en Asie centrale ainsi que des problèmes de politique étrangère d'intérêt commun.

La troisième session du Conseil de coopération s'est tenue à Bruxelles, le 29 janvier 2002, sous la présidence de M. Piqué i Camps, ministre espagnol des Affaires étrangères et président en exercice de l'Union européenne. La délégation ouzbèke était conduite par M. Kamilov, ministre ouzbek des Affaires étrangères.

Les parties ont souligné la nécessité de continuer à approfondir leurs relations bilatérales et à intensifier leur dialogue politique et leur coopération, notamment dans les questions ayant trait aux échanges commerciaux, aux investissements et à un climat des affaires propre à attirer les investisseurs étrangers, ainsi qu'en matière d'application des normes démocratiques, d'Etat de droit et de respect des droits de l'homme. De plus, tenant compte des événements du 11 septembre 2001, les parties sont convenues de promouvoir une coopération plus étroite dans leur lutte contre le trafic de drogue, le terrorisme et les autres activités illégales.

Pour sa part, l'Ouzbékistan a confirmé son objectif de poursuivre la libéralisation de son économie et de passer à la convertibilité du soum avec le soutien des institutions financières internationales. L'Union européenne s'est engagée à apporter l'assistance appropriée pour la mise en oeuvre de cette politique, notamment par l'intermédiaire du programme Tacis.

Lors de la quatrième réunion du Conseil de coopération qui s'est tenue à Bruxelles le 28 janvier 2003, en présence du ministre ouzbek des Affaires étrangères A. Kamilov, du président du Conseil de l'UE G. Papandreou, du Haut Représentant pour la PESC Javier Solana, et de Chris Patten, Commissaire aux relations extérieures, les participants se sont félicités de l'élargissement de la coopération EU/Ouzbékistan à de nobreux domaines, notamment en matière internationale et de l'accord conclu sur l'usage pacifique de l'énergie nucléaire. Les deux parties ont réaffirmé la poursuite de leur lutte contre le trafic de drogue et d'êtres humains, l'immigration illégale et le terrorisme, et ont salué l'amélioration de la coopération réionale en matière de commerce, d'eau et d'énergie; l'Union européenne s'est félicitée de la conclusion de l'accord de février 2002 relatif à la création de l'Organisation de coopération d'Asie centrale - CACO.

Tout en reconnaissant les efforts faits par l'Ouzbékistan en matière des droits de l'homme en ce qui concerne notamment la diminution des sanctions pénales et la réduction des sentences de peine de mort, la présidence de l'UE a exprimé son inquiétude pour les cas de torture dans des centres de détention, et a réitéré la demande des enquêtes impartiales sur la mort de prisonniers. M. Kamilov a admis que la situation prévalant en Ouzbékistan n'était pas encore entièrement conforme aux normes de l'UE en matière des droits de l'homme, mais a souligné que son pays récusait pas les observations de l'UE; il a rappelé que l'Ouzbékistan avait accepté que le Rapporteur spécial de l'ONU pour la torture mène une mission dans le pays. L'Union européenne a salué l'accord survenu entre la partie ouzbèke et le Comité de la Croix rouge internationale permettant à celle-ci d'avoir un accès libre aux centres de détention en Ouzbékistan.

L'UE a exprimé le souhait que l'Ouzbékistan démontre sa capacité des réformes économiques dans la perspectives de la réunion de la Banque européenne pour la reconstruction et le développement (BERD) en mai 2003 à Tashkent. Elle a formé le voeu que les autorités ouzbèkes continuent à coopérer avec le Fonds monétaire international (FMI) pour encourager les investisseurs potentiels.

L'Union européenne a remercié l'Ouzbékistan de servir de «corridor» permettant le transfert d'aide humanitaire vers l'Afghanistan; elle assura les autorités ouzbèkes qu'elle continuera à les aider pour améliorer la coopération transfrontalière.

x x x

L'accord de coopération et de partenariat prévoit que l'Ouzbékistan bénéficie d'une assistance financière temporaire qui lui est accordée par l'Union européenne par le biais d'une *assistance technique* sous forme de dotations afin d'accélérer son programme de réformes économiques. Cette assistance financière entre dans le cadre du programme *Tacis*.

Sur un total de 2.268,37 millions d'écus engagés par Tacis en faveur des Etats nouvellement indépendants issus de l'ancienne URSS entre 1991 et 1995, l'Ouzbékistan a bénéficié de 45,5 millions d'écus; en 1996-1997, ces interventions financières se sont élevées à 20 millions d'écus. Depuis 1991 à 2000, l'Ouzbékistan était le troisième bénéficiaire des programmes Tacis (après la Russie et l'Ukraine): 111 millions d'euros. Ces interventions avaient notamment pour objet la restructuration du secteur public et la réforme de l'administration, le soutien aux petites et moyennes entreprises, ainsi que la participation à certains projets prioritaires dans l'industrie et l'économie rurale. Le 15 mars 2001 débuta le programme triennal Tacis-Tempus «Matador-2000» relatif à la formation des dirigeants ouzbeks des petites et moyennes entreprises: son budget total est de 506.645 euros, la Commission européenne intervenant pour 394.795 euros. Le programme Tacis visant à soutenir la mise en vigueur de l'accord de partenariat et de coopération entre l'Union européenne et l'Ouzbékistan (2002) facilitera l'adoption par ce dernier des réformes juridiques et administratives qui l'orienteront vers une économie de marché. Un projet relatif à l'*Assistance à la Démocratie de l'Ouzbékistan* (fourniture d'ordinateurs et d'équipements de traduction simultanée) fut élaboré en collaboration avec l'Oliy Majlis.

Préoccupé par la détérioration de la situation sanitaire en Ouzbékistan, le *Parlement européen* a adopté le 4 octobre 2001 une résolution qui évoque la catastrophe environnementale provoquée par l'assèchement progressif de la mer d'Aral, le triplement du taux de salinité de ses eaux et partant la disparition de toute activité agricole et halieutique ainsi que la désertification des zones attenantes. On y assiste à la propagation de certaines maladies épidémiques, et à l'accroissement spectaculaire de la mortalité infantile qui est la plus élevée au monde. Il faut dire que depuis les années 60, l'Aral a perdu la moitié de sa surface et trois quarts de son volume: si autrefois près de 60 milliards de mètres cubes arrivaient dans cette mer, de nos jours ce volume est tombé à sept milliards de mètres cubes. L'alimentation du bassin de l'Aral se faisait par le Syr-Daria au Nord et l'Amou Daria dans le Sud, mais la mise en place de vastes programmes agricoles comportant la multiplication de systèmes d'irrigation a fortement diminué ces apports: le Turkménistan prélevant 29 % des eaux d'Amou Daria, ce fleuve n'alimente plus la mer d' Aral. Ce problème concerne très directement les populations de cette région ainsi que les réfugiés en provenance de l'Afghanistan qui s'y sont installés. Le Parlement a demandé à la Commission et aux Etats membres d'octroyer une aide appropriée à la population ouzbèke, ainsi que la mise en place d'un plan de lutte contre la propagation des maladies infectieuses. A la même occasion, il demanda aux autorités ouzbèkes de faire de l'amélioration de l'écosystème local un objectif structurel de leur politique. Dans le cadre du programme Tacis, la détérioration écologique de la mer d'Aral devrait être un programme prioritaire. Enfin, le Parlement européen demanda l'adoption de mesures plus contraignantes pour les compagnies pétrolières qui travaillent dans la région.

c) La Banque européenne pour la reconstruction et le développement

L'Ouzbékistan ayant adhéré en octobre 1992 à la *Banque européenne pour la reconstruction et le développement* - *B.E.R.D.*, chargée de favoriser le passage des pays de l'ancien bloc communiste à l'économie de marché et à la démocratie, la Banque a défini, en novembre 1992 sa stratégie vis-à-vis de ce pays.

En octobre-novembre 1993, la B.E.R.D. a accordé à la Banque nationale d'Ouzbékistan une ligne de crédit de 60 millions de $ pour financer le développement des petites et moyennes entreprises du secteur privé, plus spécialement leurs projets d'exportation; cette décision comportait un important volet d'assistance technique. Afin de faciliter l'accès du pays à d'autres sources extérieures de financement, il a été prévu, avant l'octroi de ce crédit, de lever pour le pays le statut de meilleur créditeur («*negative pledge*») de la B.E.R.D.

La B.E.R.D. a participé en 1995 à la création de la *Société ouzbèke de Crédit-Bail International AO*, son investissement s'élevant à 15 % du capital actions (4,4 millions d'écus sur un total de 18,7 millions d'écus). Les promoteurs de ce projet étaient la principale banque de Malaisie, *Malayan Banking Berhad*, ainsi que la *Banque nationale d'Ouzbékistan pour les activités économiques extérieures*. La nouvelle société, à laquelle la S.F.I. participe à concurrence de 15 %, procure aux joint-ventures et aux PME des financements à terme pour l'acquisition de machines, de véhicules de transport et de matériel de bureau.

La B.E.R.D. a accordé, en avril 1995, un prêt de 22,521 millions d'écus à la *Zarafshan-Newmont Joint-Venture* établie en Ouzbékistan, dans laquelle la société-mère aurifaire U.S. détient 50 % du capital. Ce prêt s'ajoutait à un crédit de 105 millions de $, dont 52,5 millions de $ pour le compte de la Banque, qui avait déjà été versé par la B.E.R.D. pour ce projet comportant la construction d'une installation de lixiviation en tas permettant de récupérer l'or dans du minerais de faible qualité. Ajoutons, que le plan d'investissement de *Zarafshan-Newmont* portait sur 130 millions de $.

Fin 1995, la B.E.R.D. a accordé un prêt de 31,116 millions d'écus à la société bancaire *Uzbekistan Trade Facilitation.*

En 1996 la B.E.R.D. a pris une participation de 10 % (803.000 d'écus) dans la joint-venture *A.B.N.-A.M.R.O. Uzbekistan,* dans laquelle le groupe néerlandais *Amro* détient 50 % du capital, la *Banque nationale d'Ouzbékistan* 30 % et la *Société Financière Internationale* 10 %. C'est également en juin que la B.E.R.D. a annoncé les soumissions pour trois projets industriels et quelques mois plus tard elle a pris une participation de 4,027. millions d'écus dans *Uzdaewoo Bank,* et accorda un crédit de 12,080 millions d'écus à *l'Uzbekistan SME II A Saka* et 24,160 millions d'écus à *l'Uzbekistan SME II - NB.*

En 1997, la B.E.R.D. a accordé un prêt de 78,356 millions d'écus à la réhabilitation de la *Raffinerie de Ferghana,* ainsi qu'un prêt de 25,181 millions d'écus à la réhabilitation de *Syrdariya Power Plant.* 1998: Prêt de 43,5 millions d'écus à la réhabilitation de *l'Aéroport de Tashkent.* A la fin de 1998, les crédits versés à l'Ouzbékistan se sont élevés à

146,3 millions d'écus, les crédits promis à 207 millions, soit un total de 353,3 millions d'écus. D'autres interventions financières allaient suivre :

1999 : Prêt de 9,4 millions d'écus au secteur boursier régional TFP-NBU. Financement d'une filature de textiles Kasansay-Tekmen Wool Product 2.

2000 : Prise de participation de 300.000 écus dans l'organisme intermédiaire non-bancaire *Uzbek Leasing International Capital Increase*. Crédit de 6,1 millions d'euros à Uz Promstroy Bank (Uzbekistan credit line II).

En 2001, la B.E.R.D. a consenti un prêt de 77 millions d'euros destiné à améliorer le Transport ferroviaire ouzbek des marchandises. Elle a également accordé un prêt de 13,5 millions d'euros pour la réhabilitation des réseaux de distribution d'eau chaude et de chauffage urbain à Andijan. Fin 2001, la Banque finançait en Ouzbékistan quinze projets, ses interventions s'élevant à 570 millions d'euros.

Ces activités continueront-elles ? Limitée par ses statuts à n'accorder son assistance financière qu'aux pats engagés dans la démocratisation de leurs institutions étatiques, la B.E.R.D. a fortement réduit ses engagements envers les pays comme le Bélarus et le Turkménistan qui restent gouvernés par les régimes autoritaires, et lors de son assemblée annuelle tenue début mai 2003 à Tashkent, elle a demandé aux autorités ouzbekes de faire progresser les réformes démocratiques et les droits de l'homme en mettant notamment fin « au recours systématique de la torture dans les prisons ». Le président de la B.E.R.D. Jean Lemierre regretta que le président Karimov ne s'est pas engagé publiquement sur le problème de la torture lors de son discours d'ouverture, les réformes demandées devant être effectives avant la réunion annuelle de la Banque en avril 2004,

« when the EBRD board will meet to consider alternatives, including the bank's activities to negligible levels ». [169]

d) La Banque mondiale et le FMI

La *Banque mondiale* et le *Fonds monétaire international* ont noué leurs relations avec l'Ouzbékistan peu après son accession à l'indépendance. L'Ouzbékistan a adhéré le 21 septembre 1992 au FMI, sa quote-part initiale s'élevant à 133 millions de DTS, soit environ 191 millions de $; le FMI a accordé à l'Ouzbékistan une assistance financière au titre d'une «économie en transition». [170] A la réunion du Conseil des gouverneurs du FMI les 28-30 septembre 1993, Faizulla Mullajanov a remercié les deux organisations de leurs bonnes dispositions, plus particulièrement du Plan des réformes économiques élaboré par deux missions de la Banque en Ouzbékistan, mais a souligné que la stratégie des réformes sera essentiellement une affaire d'Etat. [171]

---

[169] EBRD demands reform from Uzbek president, dans Financial Times, 6 mai 2003. Restaurer la route de la soie, dans La Libre Belgique, 6 mai 2003.

[170] Le Gouvernement d'Ouzbékistan ayant introduit le 3 mars 1992 sa demande d'adhésion au FMI, le Conseil des Gouverneurs de ce dernier lui a communiqué le 13 avril les conditions de cette adhésion. Elles ont été acceptées le 21 septembre, au nom du Gouvernement, par Faizulla Mullajanov, président du Conseil de la Banque centrale, l'Ouzbékistan devenant ainsi membre du FMI.

[171] International Monetary Fund, Summary Proceedings of Forty-Eight Annual Meeting of the Board of Governors. September 28-30, 1993, p. 192. Uzbekistan, An Agenda for Economic Reform. A World Bank Country Study. Washington, 1993.

Le FMI a émis des réserves à l'encontre de la création en juin-juillet 1994 de la monnaie nationale ouzbèke - rendue nécessaire par la sortie forcée de la zone rouble - mais a approuvé en revanche les mesures gouvernementales de relance économique et de libération des prix de produits de consommation en septembre de la même année. Il approuva le 25 janvier 1995 une première utilisation des ressources du FMI par l'Ouzbékistan, soit un tirage de 49,875 millions de DTS (environ 74 millions de $) destiné à appuyer le programme économique ainsi que des réformes adoptés par le gouvernement pour 1995.[172] En effet, la création de la monnaie nationale a été suivie par un resserrement rigoureux de la politique financière, les autorités publiques se proposant de ramener l'inflation mensuelle aux alentours de 4 à 5 % au milieu de 1995, puis à 2 % en fin d'année. La contraction de la production est restée beaucoup plus limitée en Ouzbékistan que dans la plupart des républiques de l'ex-Union soviétique, mais les prix ont augmenté de 425 % sur l'ensemble de 1994. Le gouvernement a décidé de mettre fin au rationnement du sucre, de l'huile végétale et de la farine.

Voulant accélérer des réformes axées sur le marché, réduire les interventions des pouvoirs publics dans l'économie et poser les fondations d'un redressement économique et d'une hausse des niveaux de vie, début 1996 le FMI a ouvert à l'Ouzbékistan des crédits d'un montant total de 174,6 millions de DTS (quelque 259 millions de $); la quote-part ouzbèke au FMI se chiffrait alors à 199,5 millions de DTS, soit environ 296 millions de $.[173]

Pour sa part, la Banque mondiale a annoncé le 2 mars 1995 que les puissances et les institutions internationales

[172] Ouzbékistan: FTS, dans FMI Bulletin, 27 février 1995, p. 60.

[173] Ouzbékistan: accord de confirmation et deuxième tirage FTS, dans FMI Bulletin, 15 janvier 1996, pp. 16-17.

envisageaient d'accorder à l'Ouzbékistan des crédits d'un total de 900 millions de $. Le directeur exécutif de la Banque, Yukon Huang, a noté que les perspectives économiques de l'Ouzbékistan étaient plus encourageantes que celles de ses voisins, mais a souligné en même temps la nécessité des réformes libéralisant le système économique ouzbek. L'Ouzbékistan ayant retrouvé une croissance positive en 1996, la Banque en collaboration avec les autorités publiques ouzbèkes, a arrêté les modalités et le calendrier des privatisations des grandes et moyennes entreprises. Le 12 septembre 1996, elle a approuvé le projet pilote d'ingéniérie destiné à fournir de l'eau potable aux 34.000 habitants de Kizkitten, communauté péri-urbaine de la zone sinistrée de la mer d'Aral. Au 30 juin 1997, l'Ouzbékistan fut bénéficiaire de trois prêts de la Banque pour un montant de 252 millions de $.[174]

Néanmoins, tant le FMI que la Banque mondiale ont suspendu temporairement en décembre 1996 leur octroi de prêts à l'Ouzbékistan dans l'attente des mesures gouvernementales en matière de réformes économiques. Comme beaucoup d'autres pays en transition qui affrontent des contrariétés économiques, l'Ouzbékistan eut quelques difficultés à trouver un langage commun avec le FMI, lequel n'accorde ses crédits qu'à la condition que les pays bénéficiaires acceptent de poursuivre fidèlement une politique économique qu'il leur suggère. Certains économistes ouzbeks étaient d'avis que les conditions posées par le FMI sont exagérément contraignantes et qu'elles risquent d'entraver la réalisation des réformes préconisées.[175]

---

[174] 21 millions de $ en 1994, 226 millions de $ en 1995 et 5 millions de $ en 1997 .Cfr. Abdallah El Maaroufi, La Banque mondiale en Europe et en Asie centrale, dans Le courrier des pays de l'Est, août 1997, p. 43.

[175] А. Новиков, Иностранные инвестиции в структурной перестройке економики (A. Novikov, Investissements étrangers dans la

Ces quelques dissensions n'ont pas empêché les représentants de la Banque mondiale et du FMI de maintenir leur collaboration avec le gouvernement ouzbek.

Début 2002, ce dernier a signé avec le FMI un Mémorandum relatif à la politique économique et financière de l'Ouzbékistan; il avait été convenu qu'un autre programme de libéralisation de l'économie ouzbèke serait élaboré conjointement pour l'année budgétaire 2003.Le président de la Banque mondiale, James Wulferson, s'est rendu en avril 2002 à Tashkent où il a été reçu par le président Karimov: la Banque s'est déclarée disposée à financer, à concurrence de 350 millions de $, les différents projets industriels, qui seraient mis sur le chantier en Ouzbékistan au cours de la période 2002-2004.

e) Le PNUD

Installé à Tashkent en 1993, le *Bureau unifié des Nations Unies* est dirigé par un Coordinateur résident qui est en même temps le Représentant résident du *Programme des Nations Unies pour le développement (PNUD).* Celui-ci a engagé des activités visant à accroître le développement humain durable en Ouzbékistan; une prime d'indépendance de 1,4 millions de $ fut versée aux autorités en deux tranches en 1996.

Le PNUD aide le gouvernement ouzbek dans ses discussions avec la communauté internationale en ce qui concerne l'aide extérieure. Il cherche à amener l'Ouzbékistan à ratifier les conventions internationales clés revêtant une importance fondamentale pour la promotion de son

---

perestroïka structurelle de l'économie), dans Delovoy partner Uzbekistana (Tashkent), 27 juin 2002.

développement. Il accorde son appui aux ONG qui participent aux divers programmes économiques. Il avait appuyé le *Programme des Volontaires des Nations Unies*; certains de ces volontaires étaient chargés de cours dans les domaines de l'économie, des affaires, de la gestion et des langues.

f) Statut des investissements étrangers

Le statut des investissements étrangers est régi principalement par la loi du 5 mai 1994 qui définit les principes juridiques et économiques ayant trait aux apports de capitaux étrangers. Cette loi fut complétée par plusieurs décrets gouvernementaux, notamment par ceux du 12 février 1996 et du 20 mars 1996; les décrets du 9 mars 2001 et du 26 mars 2002 ont trait aux modalités de privatisation des entreprises étatiques qui forment des joint ventures avec les compagnies étrangères, et celui du 1er juillet 2001 autorisa les PME étrangères à ne plus convertir leurs recettes d'exportation. En avril 2002, le président Karimov a signé un décret relatif aux mesures visant à attirer les investissements dans les industries pétrolière et gazière. L'Ouzbékistan se propose de développer surtout les technologies de pointe. Début 2002, les 109 projets d'investissements prioritaires en cours portaient sur 3,6 milliards de $; il y avait parmi eux 38 projets d'investissements directs totalisant 725 millions de $.

Il n'empêche que la Commission de l'Union européenne a noté plus d'une fois que « l'absence de sécurité juridique constitue le principal problème pour les investisseurs. Le gouvernement intervenant essentiellement par décrets, l'investisseur ne peut être certain que ses droits seront suffisamment protégés. On peut donc conclure qu'il est absolument nécessaire pour le développement futur des investissements européens de mettre sur pied un système juridique performant prévoyant la possibilité de défendre ses droits devants les tribunaux et d'invoquer les obligations internationales de l'Etat ».[176]

Les investisseurs étrangers dans la République d'Ouzbékistan peuvent être:

- les Etats étrangers;
- les personnes morales étrangères;
- les citoyens et les groupements de citoyens étrangers, ainsi que les apatrides;
- les citoyens ouzbeks qui résident en permanence à l'étranger.

Les investissements étrangers peuvent être réalisés:

- par des apports en entreprises créées *conjointement* avec des personnes morales ou physiques ouzbèkes;
- par la création d'entreprises appartenant *entièrement* aux investisseurs étrangers;
- par l'acquisition des *biens, des actions et d'autres valeurs mobilières;*
- par l'acquisition des *droits patrimoniaux*, y compris le droit de possession et de jouissance de la terre (notamment sur la base du bail) et des ressources naturelles.

Dans les entreprises à investissements étrangers, les investisseurs étrangers doivent détenir au moins 10 % des actions.

Une *entreprise à investissements étrangers* peut être créée:

---

[176] Communication de la Commission au Conseil, SEC (96) 41 final.

- soit par sa constitution;

- soit par l'acquisition par l'investisseur étranger d'une participation dans l'entreprise déjà créée;

- soit par l'acquisition complète d'une telle entreprise, notamment au cours de la privatisation.

L'entreprise à investissements étrangers doit être enregistrée au Ministère des Finances d'Ouzbékistan. Elle est revêtue du statut de personnalité morale à compter de la date de son enregistrement.

Les investisseurs étrangers jouissent de la protection juridique de l'Etat. Leur régime juridique ne peut pas être moins favorable que celui des personnes morales et physiques analogues de l'Ouzbékistan.

Des *avantages supplémentaires* peuvent être accordés aux investisseurs étrangers qui placent leurs capitaux dans les *branches prioritaires* de l'économie nationale.

L'investisseur étranger détermine lui-même les affectations de ses apports en capitaux. Il a le droit de propriété et de disposition des résultats de ses investissements.

Aux termes de l'Art. 11, § 1 de la loi, «la République d'Ouzbékistan garantit la protection des droits des investisseurs étrangers lors de l'exercice de l'activité d'investisseur sur son territoire conformément aux normes universellement admises du droit international».

En cas de *changements législatifs* ouzbeks défavorables aux investisseurs étrangers, ceux-ci continueront à être régis, pendant *dix ans*, par la législation qui était en vigueur lors de leur constitution. Néanmoins, cette clause ne s'applique pas aux modifications visant à assurer la défense et la sécurité nationale, le maintien de l'ordre public, ainsi que la protection de l'environnement.

Les organes de l'Etat et leurs fonctionnaires ne sont pas en droit de s'ingérer dans l'activité économique des investisseurs étrangers.

L'Art. 12 de la loi de 1994 a apporté des garanties à l'encontre d'éventuelles *nationalisations.* Il assure que «les investissements étrangers dans la République d'Ouzbékistan ne sont pas sujets à la nationalisation», sauf en cas de sinistre, d'accident, d'épidémie et d'épizootie. L'indemnité payée dans ces cas à l'investisseur étranger «doit être adéquate au dommage subi».

Les *bénéfices* réalisés par les investisseurs étrangers peuvent être réinvestis par eux sur le territoire de la République, ou être utilisés d'une autre manière selon leur volonté. Aux termes de l'Art. 13 de la loi, «les investisseurs étrangers se voient garantir le droit de transférer à l'étranger, sans aucune restriction, leurs profits et autres sommes en devises étrangères obtenues à la suite de leur activité licite».

Les investisseurs étrangers peuvent contracter bénévolement une *assurance* contre les risques d'investissement. Le système d'assurances ouzbek comprend notamment la Compagnie nationale d'assurances *«Ouzbekinvest»* dont le fonds statutaire est de 10 millions de $ US, et le fonds d'assurance de 500 millions de $. Conjointement avec la *Banque nationale pour les activités économiques extérieures* et le groupe américain *«A.L.G. Inc.»,* l'Ouzbékistan a établi un réseau d'assurances qui couvre tant les risques politiques (siège à Londres) que les risques commerciaux (siège à Tashkent). L'*Ouzbekinvest* assure les bailleurs de fonds étrangers:

- contre l'expropriation ou des mesures conduisant à la dépossession des biens;

- contre les faits de guerre ou des troubles publics;

- contre la limitation de la conversion de la monnaie nationale en d'autres devises et son transfert en dehors du pays;

- contre des mesures législatives à caractère discriminatoire.

L'entreprise à investissements étrangers est en droit d'*exporter sans licence* les marchandises de sa propre fabrication, et d'*importer* les marchandises pour ses besoins de production. La liste de ces marchandises est établie par le Cabinet des Ministres.

Les *recettes en devises* provenant de l'exportation de produits fabriqués par l'entreprise, après le versement des impôts, restent à la disposition entière de l'entreprise.

Les biens introduits en Ouzbékistan pour les besoins de production et les besoins individuels des employés étrangers de l'entreprise à investissements étrangers sont exemptés de droits de douane (Art. 18).

Des salaires et autres revenus licites du personnel de l'entreprise à investissements étrangers, de son administration et de son conseil de surveillance peuvent être transférés par eux dans les autres Etats sans aucune restriction (Art. 25).

L'entreprise à investissements étrangers effectue des paiements en devises à la *retraite des travailleurs étrangers* dans les pays de leur résidence permanente. Elle verse des primes destinées à la *retraite des ressortissants ouzbeks* conformément à la législation en vigueur.

Les entreprises à investissements étrangers peuvent prendre *à bail* un terrain pour une durée stipulée par le contrat.

L'octroi des concessions aux investisseurs étrangers en vue de la prospection et de l'exploitation des ressources naturelles s'effectue sur la base de contrats passés avec les organes compétents de l'administration de l'Etat.

Les *litiges* entre les investisseurs étrangers et les organes d'Etat doivent être examinés par des tribunaux ouzbeks, sauf prévisions contraires des traités et des accords internationaux conclus par la République d'Ouzbékistan.

Les litiges entre les investisseurs étrangers, d'une part, et les *personnes morales et physiques ouzbeks* doivent être examinés par des tribunaux ouzbeks, ou, selon la volonté des parties, par des tribunaux arbitraux et des tiers arbitres à l'étranger.

Si les traités ou accords internationaux conclus par la République d'Ouzbékistan ont établi des dispositions autres que celles prévues par la législation ouzbèke sur les investissements étrangers, on applique les dispositions des traités ou accords internationaux (Art. 34).

L'Ouzbékistan a conclu une série d'*accords internationaux relatifs à la protection des investissements étrangers* (avec les Etats-Unis, Allemagne, Turquie, Finlande, France, Suisse, Egypte, Pakistan, Israël, Chine, Corée du Sud, Grande-Bretagne, Japon...), ainsi que des accords en vue d'éviter les *doubles impositions* (avec la Grande-Bretagne, Inde, Pologne, Turquie, Belgique...). Il a adhéré à la Convention de Washington pour le *Règlement des différends relatifs aux investissements* (18 mars 1965).

De 1994 à 2000, les investissements étrangers en Ouzbékisan se sont élevés à 4,4 miliards de $.

Parmi les pays investisseurs, la Turquie vient en première position, surtout dans les petites et moyennes entreprises (20,1 %), suivie par les Etats-Unis (16,7 %), la Grande-Bretagne (12,4 %), l'Allemagne (11 %), la Corée du Sud (9,5 %). Ces chiffes varient naturellement selon les années.

Les entreprises mixtes formées avec des capitaux étrangers et ouzbeks viennent des pays suivants: Russie (359), Turquie (234), Etats-Unis (199), Grande-Bretagne (91), Allemagne (86), Corée du Sud (66), Chine (62), Inde (51), Pakistan (41).[177]

---

[177] Delovoy Partner Ouzbékistana (Tashkent), 18 avril 2002.

V. Les relations bilatérales avec les puissances

a) Les Etats-Unis

Témoin attentif du processus de désintégration de l'URSS et de l'émergence des nouveaux Etats dans l'Est européen, dans le Caucase et en Asie centrale, le Secrétaire d'Etat américain, James Baker, a formulé en septembre 1991 cinq principes qui, selon lui, constitueraient un cadre garantissant que cette dissolution se fasse en paix et dans l'ordre. Ces cinq principes étaient:

«Premièrement, une auto-détermination pacifique respectueuse des valeurs et des principes démocratiques;

En second lieu, le respect des frontières existantes, leur changement s'effectuant pacifiquement et de manière consensuelle;

Troisièmement, le respect de la démocratie et du règne du droit, surtout lorsqu'il s'agit des élections et des référendums;

Quatrièmement, les droits de l'homme, plus particulièrement les droits des minorités;

Cinquièmement, le respect du droit international et des obligations».[178]

Le 25 décembre 1991, les Etats-Unis ont salué les transformations historiques de la dictature totalitaire en Union soviétique qui ont conduit à la libération de ses peuples, et ont reconnu l'indépendance de l'Ouzbékistan ainsi que celle d'autres nouveaux Etats de l'ex-URSS. En annonçant cette reconnaissance, le président Bush a précisé que les Etats-Unis établiront les relations diplomatiques avec ces pays «lorsque nous constaterons avec satisfaction qu'ils ont pris des obligations en matière de politiques responsables de sécurité et de principes démocratiques».[179]

En février 1992, le Secrétaire d'Etat James Baker effectua une visite en Ouzbékistan, où lors d'une rencontre avec le président Karimov, celui-ci lui est paru «more authoritarian than democrat». Le président l'ayant assuré de son adhésion aux cinq principes formulés par Baker en septembre dernier, le Secrétaire d'Etat lui exprima sa satisfaction pour cet engagement verbal, mais ajouta que les Américains étaient «surtout intéressés par des résultats». «Quand je l'ai questionné au sujet du refus de son gouvernement d'enregistrer les partis politiques d'opposition, il a tout d'abord défendu sa position en arguant que les partis contre lesquels il avait agi, avaient des relations avec la Libye ou le KGB. Quand je l'ai talonné de plus près, il a finalement consenti à «relâcher» les exigences d'enregistrement. En fait, l'obstructionnisme de Karimov s'expliquait par ses

---

[178] James A. Baker, III, with Thomas M. Defrank, The Politics of Diplomacy. Revolution, War and Peace 1989-1992. New York, G.P. Putnam's Sons, 1995, p. 525.

[179] President Bush, US Welcomes New Commonwealth Of Independent States, dans US Department of State Dispatch, 30 décembre 1991, pp. 911-912.

reproches vis-à-vis de ma rencontre avec les leaders d'opposition Erk et Birlik, dont le courage face à ses pratiques non-démocratiques m'ont fait penser aux groupes d'opposants que j'ai rencontrés en Bulgarie et en Roumanie en 1989».[180]

Or, malgré leurs critiques, les Américains ont ouvert leur ambassade à Tashkent déjà en mars 1992, Michael Mozur ayant été nommé le premier chargé d'Affaires US *ad interim*, alors que le premier ambassadeur américain, Henry Lee Clarke, entra en fonctions le 24 août 1992. Peu après, les Etats-Unis ont accordé une assistance médicale aux pays de l'Asie centrale pour combattre notamment les maladies infantiles, et le 28 octobre 1992, ils signaient avec l'Ouzbékistan un accord qui encourageait, par le biais de *l'Overseas Private Investment Corporation - O.P.I.C.*, les investissements privés US à l'étranger. Le Corps des volontaires de la Paix allait engager ses activités en Ouzbékistan.

Les relations entre les deux pays ont été quelque peu ternies par l'incident du 25 mai 1993 à l'aéroport de Tashkent, suivi par la détention d'un employé de l'ambassade U.S. Le gouvernement américain a protesté «en termes des plus énergiques» et a fait savoir qu'«aussi longtemps que les employés U.S. sont harcélés et arrêtés par les autorités ouzbèkes, il serait entièrement inapproprié de s'engager dans des activités dont tireraient profit les fonctionnaires ouzbeks».[181] Néanmoins, cet accroc resta sans conséquences et les deux parties ayant fait preuve de leur bonne volonté, les choses sont rapidement rentrées dans l'ordre. La création d'une Chambre de commerce américano-ouzbèke réunit les entreprises U.S. opérant dans ce

---

[180] J. Baker III with T.M. Defrank, The Politics of Diplomacy, op. cité, pp. 632-633.

[181] Uzbekistan: U.S. Foreign Service National Beaten and Detained, dans U.S. Department of State Dispatch, 28 juin 1993, p. 472.

pays et leur servi de guide dans leurs investissements. Le traité de commerce entre les Etats-Unis et l'Ouzbékistan, contenant la clause de la nation la plus favorisée, fut signé le 5 novembre 1993, et entra en vigueur le 13 janvier 1994. Le 1er mars 1994, les deux pays ont signé un accord d'assistance bilatérale qui est entré en vigueur le même jour, et ont engagé des pourparlers en vue de la conclusion d'un accord destiné à éviter les doubles impositions. Le Département d'Agriculture, la Croix-Rouge US et une série d' universités américaines allaient développer des programmes d'assistance et de coopération avec l'Ouzbékistan. Le 24 avril 1994, le gouvernement d'Ouzbékistan a signé avec le gouvernement des Etats-Unis un *memorandum of understanding* ayant trait à la réalisation par USA-ID d'un programme visant à accroître les ressources en eau potable dans la région de la mer d'Aral. Cette tentative de réhabiliter la mer d'Aral, tout au moins partiellement, fut grandement appréciée par la partie ouzbèke.

Un regain d'intérêt américain pour l'Asie centrale allait se manifester en mai 1994, lorsque, sous l'égide du Département du Commerce, s'est tenue une conférence internationale réunissant les représentants des cinq républiques centre-asiatiques et quelques 300 compagnies américaines. intéressées par les opportunités économiques offertes par cette région. Le Secrétaire d'Etat adjoint Talbott venta à cette occasion les richesses minérales d'Ouzbékistan estimées à 3 trillions de dollars, et invita les investisseurs potentiels US à examiner des projets de leur mise en valeur avec des partenaires nationaux. Peu à peu, plus de 200 entreprises américano-ouzbèkes allaient voir le jour et plusieurs multinationales US se sont installées en Ouzbékistan. Lors de son séjour à Tashkent en mars-avril 1995, le Secrétaire à la Défense William Perry, se félicita que l'Ouzbékistan est devenu «une île de stabilité en Asie centrale»; sa visite fut suivie en septembre par l'arrivée dans la capitale ouzbèke d'un groupe de hauts fonctionnaires du Département de Défense et la conclusion d'un accord esquissant les modalités de coopération militaire entre les deux pays. Au mois de décembre, ce fut la visite à Tashkent des représentants de seize puissantes compagnies américaines: la *U.S. Overseas Private Investment Corporation* envisagea d'investir 500 millions de $ dans la conversion de l'industrie ouzbèke de défense héritée du régime soviétique.

Le gouvernement ouzbek commença donc à alligner progressivement sa politique extérieure sur celle des Etats-Unis; il a notamment appuyé la politique musclée de Washington à l'encontre de Cuba et de l'Iran. Frederick Starr souligne que l'Ouzbékistan était de seul pays de l'Asie «à soutenir l'embargo commercial contre l'Iran que les Etats-Unis ont proposé l'été dernier pour contrer la vente par la Russie des réacteurs nucléaires». [182] Bien qu'en 1995 117 pays ont voté à l'Assemblée générale en faveur de la levée de l'embargo américain contre Cuba, l'Ouzbékistan se rangea à la position adoptée par les Etats-Unis et Israël et vota contre; en 1996, la levée de l'embargo fut réclamée par 138 pays, mais l'Ouzbékistan vota toujours contre. L'accord conclu en 1995 entre le ministère ouzbek de Défense et le Département de Défense des Etats-Unis avait prévu une coopération dans le domaine militaire, et ultérieurement les deux pays ont tenu ensemble plusieurs manoeuvres, entre autres celle de juin 1997 dans la vallée de Ferghana.

En fait, désireux d'équilibrer le poids de la Russie au sein de la C.E.I., «Karimov serait devenu volontiers le partenaire préférentiel des Etats-Unis dans la région». [183] Plusieurs hommes

---

[182] Frederick Starr, Making Eurasia Stable, dans Foreign Affairs, janvier-février 1996, p. 92.

[183] Usbekistans Aussenpolitik - ein Balanceact. Annährung an die USA als Gegengewicht zu Russland, dans Neue Zürcher Zeitung, 23 août 1996.

politiques américains allaient soutenir cette option, en arguant que les Etats-Unis s'étant prononcés en faveur de l'indépendance de l'Ukraine, «le même raisonnement devrait être appliqué maintenant à l'Asie centrale et à l'Ouzbékistan en particulier. Un Ouzbékistan souverain, réformé politiquement et économiquement, constitue le meilleur espoir pour ancrer une région potentiellement instable et pour soutenir le développement de la Russie comme un pays «normal», débarrassé d'insécurités régionales et de nostalgies impériales». [184]

Washington allait agir dans cette direction. Appréciant le geste du président Karimov qui, à l'occasion de sa visite «privée» aux Etats-Unis, en juin 1996, a libéré un certain nombre de dissidents et a autorisé les transmissions à Tashkent des programmes de la *Radio Free Europe/ Free Liberty*, le président Clinton a reçu l'homme d'Etat ouzbek à la Maison Blanche. Islam Karimov a inauguré à Washington le nouvel immeuble de l'ambassade d'Ouzbékistan, et eut des entretiens avec les dirigeants de la Banque mondiale, de l'O.P.I.C. et du Fonds américano- centre-asiatique de soutien des entrepreneurs. Il a participé à Houston à une réunion avec les hommes d'affaires consacrée aux investissements dans les secteurs gazier et pétrolier, et c'est rendu à Denver pour y rencontrer quelque 200 représentants d'une quarantaine d'entreprises minières, à la suite de quoi ont été signés des protocoles de coopération relatifs à l'exploitation géologique de l'Ouzbékistan. Les entrepreneurs américains allaient avancer, via l'*U.S. Overseas Private Investment Corp.* 400 millions de dollars pour la constitution d'une joint-venture qui exploiterait les ressources du gaz naturel ouzbek. [185]

---

[184] S.F. Starr, Making Eurasia Stable, op. cité.

[185] Nancy de Wolf Smith, Central Asia's New «Great Game», dans The Wall Street Journal Europe, 15 octobre 1996.

Parmi les entreprises américaines oeuvrant en Ouzbékistan, on peut mentionner la société *Kellogg* engagée dans la mise en valeur des gisements pétroliers et gaziers de Kokdumalak et la fourniture d'équipements à cette industrie: ce projet de 163 millions de $ a bénéficié du financement de *l'Eximbank* du Japon (88,6 millions), de l'*Eximbank* des Etats-Unis (49,9 millions) et de *l'Uzbekneftgas* (24,5 millions). La compagnie aurifère *Newmont Mining* a formé, sous l'égide de l'organisme étatique de Recherches géologiques et avec l'appui de la B.E.R.D., la joint-venture *Zarafshan-Newmont*, en vue de l'exploitation de la mine de Muruntau, dont les réserves sont estimées à 40 ans. La joint-venture ouzbéko-américaine *Transgas-Agro* a une activité dans le cadre de la Corporation nationale de l'industrie pétrolière et gazière *Uznephtegas*. Des négociations avaient été engagées avec *Enron Oil & Gas International Inc.* pour développer le secteur gazier dans les régions de Boukhara et de Surkhandaria. Les firmes *U.S. Allied Signal Airspace* et *General Electric* ont participé à l'équipement des avions civils Ilyoushine-114 et des avions de transport Ilyoushine 76 MF. Les sociétés *Case Corporation* et *Cummins Engine Company* ont réalisé un programme de livraison de matériel agricole pour un montant de 140 millions de $. La firme des consultants *Delaitte & Touche* a coopéré aux programmes de constructions et de travaux publics. Le secteur bancaire américain est notamment représenté par la *Chase Manhattan Bank*.

Parmi d'autres entreprises U.S. actives · en Ouzbékistan, mentionnons *RWE Nukem, FMN International, Acdi Roca, Acco Inc., American International Group Inc., Anchor Investments Inc., Deere and Cy, Oxus Resources, Oxus Mining, Coca- Cola, Texaco, White and Case, Case New Holland, Dunavant Enterprises, Caterpillar, Avialeasing SRX, Naytov Inc., Exxon, Boeing, American Technology Group, Technim Inc., Goldman Sachs,* etc. Ces dernières années on a noté le regain d'intérêt pour la formation de joint-ventures avec les petites et moyennes entreprises; la compagnie *Hoffman International* a établi un programme d' activités avec le concours de l'*Eximbank*. Des accords de coopération ont été conclus avec des compagnies US comme *Globe One Inc.*, *ACDI*, *Samuels Marketing C°*, etc.

La coopération entre l'Ouzbékistan et les Etats-Unis s'est accrue consécutivement aux entretiens de Washington en juin 1997 entre la Secrétaire d'Etat U.S. Madeleine Albright et le ministre ouzbek des Affaires étrangères Abdulaziz Kamilov. Les deux parties ont décidé d'accroître leurs liens dans les domaines de la défense, du commerce, des investissements et de l'énergie. Un accord sur les transports fut signé à Washington le 27 février 1998. En 2000, les importations ouzbèkes en provenance des Etats-Unis s'élevaient à 8,7 % du total. Lors de ses pourparlers avec les autorités ouzbèkes à Tashkent, en avril 2000, Mme Albright a conseillé à ses interlocuteurs de ne pas pratiquer vis-à-vis des opposants islamistes «les méthodes répressives des Russes en Tchétchénie». Les deux pays allaient signer en juin 2001 un accord de sécurité, les Américains s'engageant, entre autres, à décontaminer le polygone d'essais d'armes bactériologiques situé sur l'île de Vozrozdhenié, dans la mer d'Aral.

L'ambassade américaine se trouvant désormais à l'étroit à Tashkent, un accord a été conclu au mois de mai 2002 en ce qui concerne l'acquisition par les Etats-Unis d'un terrain de 4,5 ha dans le rayon de Younousabad où sera érigé le nouvel immeuble de l'ambassade.

b) La Turquie

La Turquie est devenue un de plus grands investisseurs en Ouzbékistan, où les entreprises turques - surtout petites et moyennes - occupent d'importantes positions dans l'industrie textile, dans le traitement des peaux, dans la construction ou dans le commerce. La *Yazeks Textile Company* a investi dans une série de complexes industriels dans la république autonome de Karakalpakstan: *Katex* à Nukus et *Eltex* à Ellikala. En 1995, le *Sagdiana Financial Investment Consortium* fondait le complexe textile *Samzhintex, Yazeks & Zhintex,* dont le capital (21 millions de $) est détenu par la partie turque à concurrence de 51 %. L'usine textile Kashtex à Karshi produit des sous-vêtements. La joint-venture *Asnam Textile*, à Namangan, produit annuellement quelque 3.000 tonnes de fil nylon, dans la grande partie est exportée vers les pays d'Europe occidentale. L'entreprise commune *Papfen* produit, dans la région de Pap et de Bukai, respectivement 4.000 et 6.000 tonnes de fils de coton. La compagnie turque *Bursel* produit des tapis à Andicem. La joint-venture *Gulmir Leather* est active dans le secteur du cuir. Les sociétés *Mekhnaty* et *I-Tako* ont fondé la joint-venture *Kashmere Leather*, spécialisée dans le traitement des peaux.

La joint-venture *SamKotchAuto* à Samarkande est engagée dans la fabrication de camions vendus tant en Ouzbékistan qu'à l'étranger. Les entreprises turques *Ay-sel Construction Cy, Yukiel Construction Cy et Yapi Production Cy* ont participé à la construction d'un hôtel à Tashkent, d'une raffinerie de sucre et d'un bâtiment administratif. C'est la firme turque *I-Sel* qui a construit à Tashkent *le Complexe National du Commerce et d'Expositions,* inauguré en juin 1995 par le président de la République, en présence du premier ministre de la Turquie. Le secteur bancaire turc est notamment représenté dans la joint-venture l'*Uzbek-Turkish UT Bank. L'Eximbank*

(Ankara) a participé au financement de plusieurs projets d'investissement d'entreprises turques en Ouzbékistan.

En novembre 1997, I. Karimov visita la Turquie à l'invitation du président S. Demirel. Des accords ont été signés dans les domaines du tourisme, de la santé, de la science et de la technologie.

c) L'Allemagne

Les relations diplomatiques entre l'Ouzbékistan et l'Allemagne ont été établies le 2 mars 1992 et depuis lors les relations entre les deux pays allaient s'accroître rapidement. Du 17 avril au 1er mai 1993, le président Karimov s'est rendu en R.F.A. où il a visité Bonn, Stuttgart, Saarbrücken, Berlin et Potsdam. Son entretien avec le chancelier Helmut Kohl, le 28 avril, s'est déroulé dans une atmosphère «très cordiale», les deux parties envisageant avec optimisme les perspectives de leurs futures relations économiques. Une partie de la réserve d'or ouzbèke a été déposée auprès de la *Deutsche Bank*. Fut également évoqué le problème de quelque 40.000 ressor- tissants ouzbeks d'origine allemande. Selon le témoignage du Secrétaire d'Etat Dieter Vogel, «le président Karimov exprima son grand intérêt à ce que ces gens restent dans son pays et a souligné son engagement personnel pour la préservation et l'avancement de leur identité nationale». [186]

Ultérieurement, le président Karimov eut des entretiens avec les dirigeants allemands à Davos (Suisse): les deux pays allaient conclure une série d'accords bilatéraux, entre autres

---

[186] Bulletin - Presse und Informationsamt der Bundesregierung, 5 mai 1993, p. 307.

l'accord du 17 juin 1994 relatif à la «unbeschränkte Reisenfreiheit».

Lors de sa visite officielle en Ouzbékistan les 11-13 avril 1995, le président de la R.F.A. Roman Herzog a indiqué que les relations entre les deux pays sont «très nettement susceptibles d'être développées. L'Ouzbékistan ne manque pas d'intéressants projets de coopération. Je veux citer le secteur de l'énergie, l'infrastructure, l'agriculture, et pourquoi pas l'environnement». [187] Un accord sur la coopération militaire entre les Forces armées ouzbèkes et l'Armée allemande fut signé en octobre 1995.

C'est également en 1995 que le président Karimov a effectué sa seconde visite en Allemagne; il s'y est rendu ensuite en 2001. En mai 2002, c'est le chancelier G. Schröder qui s'est rendu en Ouzbékistan en visite officielle. Des relations directes ont été établies avec certains Länder, comme la Westphalie ou la Saxonie. L'Ouzbékistan s'est prononcé en faveur de l'octroi à l'Allemagne d'un siège permanent au Conseil de sécurité des Nations Unies. En janvier 2002, le gouvernement ouzbek a accordé à la République fédérale le droit d'utiliser l'aérodrome de Termez pour l'acheminement de l'aide humanitaire à l'Afghanistan.

En 2000, les importations ouzbèkes en provenance de l'Allemagne s'élevaient à 8,6 % du total ; en 2001, les échanges commerciaux entre les deux pays ont porté sur 283,3 millions de $. Jusqu'à présent, les Allemands ont investi dans ce pays près de 2 milliards de $. Début 2002, 138 joint-ventures ouzbéko-allemandes oeuvraient en Ouzbékistan, et 55 firmes allemandes avaient leur représentation; les entreprises allemandes étaient

---

[187] Bulletin - Presse und Informationsamt der Bundesregierung, 21 avril 1995, p. 264.

engagées dans une cinquantaine de projets industriels et commerciaux. Parmi les firmes allemandes on note la présence de la *Commerzbank*, de la *Dresdner Bank*, de la *Deutsche Bank*, ainsi que de la *Bankgesellschaft Berlin*, des sociétés *Bayer*, *Daimler-Chrysler*, *Siemens*, *Merck*, *BASF*, *Thyssen Krupp*, *Bosch*, *Lurgi Chemnitz GmbH*, *Heidelberg* (imprimerie et éditions), *Landtechnik Schluter* (équipement agricole), la *Salamander A.G.* (fabrication de chaussures), *Norddeutsche Raffinerie* (commercialisation du cuivre), *Martin Grunau* (constructions et travaux publics), *Wilo* (équipements d'approvisionnement des habitations en eau courante), etc.

Les entreprises allemandes ont participé à la réhabilitation des aérodromes ouzbeks, ainsi qu'à l'établissement du réseau de communications téléphoniques à Namangan et entre Tashkent, Samarkande et Boukhara. L'industrie automobile allemande est active en Ouzbékistan: pendant une brève période, *Daimler* effectuait près de Nukus l'assemblage des camions Mercedes. Tant *MAN* que *Daimler* exportent leurs autobus dans ce pays: début 2002, 276 autobus Mercedes étaient en service dans la ville de Tashkent. La *Lufthansa Technik* coopère avec *Uzbekistan Airways Technics* pour l'entretien des avions ouzbeks A-310, Boeing-757, Boeing-767 et RJ-85. Ces activités beneficient du soutien des Länder et des différentes chambres de commerce; en février 1999 se sont tenues à Hambourg «Les journées économiques d'Ouzbékistan».[188]

Des organismes comme la *Fondation Konrad Adenauer*, la *Friedrich-Ebert Stiftung* ou le *Goethe-Institut*

---

[188] Delovoy Partner Ouzbekistana (Tashkent), 11 avril 2002.

déploient leurs activités culturelles à Tashkent, où depuis 1994 est également représenté le Service allemand d'échanges académiques. Plusieurs médecins et cadres médicaux ouzbeks ont pu suivre en Allemagne des cours de perfectionnement; quelque 70 étudiants ouzbeks ont pu entreprendre leurs études dans les universités allemandes.

d) La Grande-Bretagne

Les exportations ouzbèkes vers la Grande-Bretagne s'élevaient en 2000 à 7,2 % du total. Parmi de nombreuses entreprises britanniques qui oeuvrent en Ouzbékistan, mentionnons la joint-venture *Amantau Gold Fields* qui fut constituée en 1994 conjointement avec la *Lonrho Cy* et l'*International Financial Corporation*, en vue de l'exploitation, à partir de 1998, des gisements aurifères de Daughyztau et d'Amantautay.

La société *Massey-Ferguson* envisagea de s'engager dans la construction de machines agricoles. La *BAT Industries* a effectué des investissements dans l'industrie du tabac. La *Develop Trading Ltd.* a créé avec son partenaire ouzbek *Uzbekhlpkoprom* la joint-venture *International Cotton Production Ltd.* La joint-venture *Gazakurilish* oeuvre dans le contexte de la Corporation nationale *Uznephtegas*. La société *Eltam* avait noué une activité dans le secteur d'équipements électroniques et électriques et la *British Quickstop supermarket chain* s'implanta à Tashkent dès 1996. La *Clifford Chance* participait à la préparation de la législation pétrolière d'Ouzbékistan. Le 27 avril 2002 fut inaugurée la joint-venture ouzbéko-irano-britannique *Farm-Doctor-Obidy* spécialisée dans la fabrication d'antibiotiques. La joint-venture Fargonasut qui emploie quelque 300 personnes, met sur le marché des produits laitiers.

Le gouvernement de Londres tenait à nouer des relations amicales avec l'Ouzbékistan. Lors de sa visite en novembre 1996, le prince Charles inaugura à Tashkent la représentation du *British Council*. L'intérêt qu'il a manifesté au problème de la mer d'Aral lui a valu l'unanime sympathie de ses interlocuteurs ouzbeks.

L'Université de Westminster (Londres) a créé, en collaboration avec la Fondation du Président d'Ouzbékistan «Umid» et le Ministère de l'Education supérieure et secondaire, *l'Université Westminster Internationale à Tashkent (WIUT)*. Dès octobre 2002, elle entamera l'enseignement dans les facultés de Business, Technologies d'Information, Economie et Droit. Il a été prévu que 50 % des étudiants de la nouvelle université bénéficieront d'une bourse d'études de l'«Umid».

Une Commission du Oliy Majlis s'est rendue en mai 2002 en Grande-Bretagne pour enquêter au sujet des trésors historiques et culturels ouzbeks abrités à Londres au British Museum, dans la Bibliothèque britannique, au musée Victoria et Albert, ainsi qu'à Oxford dans la Bibliothèque bodléienne. Ayant pu admirer les inestimables manuscrits, documents et miniatures originaires d'Ouzbékistan, la Commission a chaleureusement remercié leurs hôtes britanniques de l'amical accueil, tout en exprimant l'espoir qu'une ouverture prochaine des pourparlers au niveau gouvernemental permettrait à l'Ouzbékistan de rentrer en possession de certains de ces prestigieux témoignages de son passé culturel.

e) La France

Bien que pour beaucoup de Français l'Ouzbékistan donne l'image «d'un marché porteur des potentialités multiples»,[189] et bien qu'ils le considèrent très prometteur, la position de la France dans ce pays est restée modeste: en 2001, une cinquantaine d'entreprises françaises étaient présentes dans ce pays, et les échanges commerciaux sont restés peu importants.

On espérait que la visite du président Karimov en France, en octobre 1993, serait de nature à ranimer la présence française, d'autant que les deux pays allaient conclure à cette occasion un traité d'amitié et de coopération, mais cela a tardé malgré la visite officielle du président Mitterand en Ouzbékistan en avril 1994. En règle générale, ce sont les sociétés de négoce qui restèrent les meilleurs intermédiaires pour la réalisation de divers projets commerciaux. La *Elf-Aquitaine* ayant obtenu une licence d'exploitation de la région de la mer d'Aral, des appels d'offre ont été lancés en 1994 pour plusieurs gisements, mais les investisseurs potentiels ont tardé à s'engager. Il avait été noté que «l'envoi de pétrole brut ou de condensat dans la C.E.E. n'est pas envisageable actuellement en l'absence d'oléoduc vers la Russie», et quant à l'enclavement de l'Ouzbékistan, il «ne permet pas de songer à des exportations significatives dans les pays à devises fortes, sauf si les réserves s'avéraient gigantesques». Les deux principaux projets auxquels se sont associées les firmes françaises se situaient dans les secteurs de l'énergie et de l'aéronautique. La société *Technip* a signé un contrat pour la construction d'une raffinerie de pétrole à Boukhara, dont la capacité initiale de 2,5 millions de tonnes devait être portée ultérieurement à 5 millions de tonnes, et quant à la société *Thomson-C.S.C,* elle fut associée à la modernisation du système ouzbek de contrôle aérien. Parmi d'autres initiatives, on a noté la présence de la société *Alpha* dans le textile (Andican), ainsi que dans la fabrication de chaussures (Tashkent).

---

[189] Le courrier des pays de l'Est, novembre 1995, pp. 78-79.

La visite officielle du président Karimov en France, en avril 1996, a donné une nouvelle impulsion à la présence économique française en Ouzbékistan: ses interventions devant un parterre d'industriels français à Paris et à Lyon ont, semble-t-il, favorablement impressionné les investisseurs potentiels français. L'homme d'Etat ouzbek ayant suggéré, au cours d'un entretien avec Jacques Chirac, le renforcement de la coopération entre les deux pays, le président français a assuré qu'il y était favorable, notamment «dans les domaines de l'aéronautique et de la construction».[190] Ces propos se référaient, entre autres, à la motorisation par la *Snecma* des avions de transport Il-76 MF.

Parmi d'importants projets auxquels participent les entreprises françaises, mentionnons celui de la rationalisation de la production et de la distribution d'eau à Samarkande, réalisé sous l'égide des sociétés *Degrémont* et *Safège* (48 millions de FF), l'amélioration de la qualité de l'eau à Mouynsk (6 millions de FF), l'automatisation du Canal méridional pour la fourniture d'eau aux villes (15,8 millions de FF). L'entreprise française *Bal-Ingénierie* a participé en 2000-2001 à la modernisation des structures d'irrigation de près d'un demi million d'hectares dans les régions de Syrdaryn et Djizaks. Le groupe *Tessag-France* est engagé, en association avec des sociétés japonaises, dans le projet de la centrale électrique de Novoïazot. Dans le secteur de la chimie, plusieurs projets sont en cours de réalisation: la fabrication de l'acide urique, la fabrication des défoliants pour le coton à Tchirtchik et à Ferghana. La société *Dacrit* a investi en 2000 un montant de un million de $ dans deux usines d'égrenage et de sélection des semences.

S'agissant des *échanges commerciaux franco-ouzbeks,* ils sont restés modestes. L'Ouzbékistan représente pour la France le quatrième débouché commercial au sein de la CEI,

---

[190] Le Figaro, 26 avril 1996.

après la Russie, l'Ukraine et le Turkménistan; en 2000, les exportations françaises (mécanique, matériel électrique et électronique) portaient sur 476,6 millions de FF (2,9 % du total des importations ouzbèkes), et les importations (principalement produits cotonniers) sur 417,8 % (1,3 % du total des exportations ouzbèkes). Il avait été noté que les biens d'équipements occupaient la première place dans les exportations françaises, «grâce notamment à la vente de machines pour les industries du papier et du carton, prévue par le contrat signé avec la société Clextral».[191] La garantie financière de l'Etat français (*Coface*) octroyée aux sociétés exportatrices était plafonnée en 2001 à 65 millions d'euros. Ce système limitant en fait des projets d'investissement fut critiqué: plusieurs industriels français se sont prononcés pour une politique de crédits fondée sur l'examen au cas par cas des projets.

On a noté ces derniers temps le développement entre les deux pays d'une *coopération militaire,* qui s'appuie sur un accord de coopération en matière de défense signé en décembre 1999, ainsi qu'un arrangement administratif en matière d'armement conclu en juillet 2000 à l'occasion de la visite à Tashkent de M. Alain Richard, ministre français de la défense. Le premier de ces accords a institué une Commission mixte de coopération militaire franco-ouzbèke, le second, une Commission mixte d'armement. La partie française a fourni une assistance matérielle à l'armée ouzbèke en lui livrant des effets d'habillement, participe à la formation en France des officiers ouzbeks. La *Thales* participe aux projets de moyens de télécommunications ainsi qu'à la modernisation de la défense aérienne, la *Sagem* s'est engagée à moderniser des hélicoptères

---

[191] Irène Kamenka, Ouzbékistan 2000-2001. Entre immobilisme et opportunisme, dans Le courrier des pays de l'Est, novembre-décembre 2001, p. 105.

ouzbeks MI-8 et MI-24), la *Sofrem* construit une cartoucherie. D'autres modalités de coopération ont été discutées à l'occasion de la visite en Ouzbékistan, en avril 2001, de la Commission sénatoriale française des Affaires étrangères, de la défense et des forces armées.[192]

A ces relations économiques et à cette coopération militaire se greffe une activité des centres culturels français: *l'Institut français d'études sur l'Asie centrale* (fondé à Tashkent en 1993), *l'Alliance française*, qui est présente à Tashkent et à Samarkande), ainsi que le centre culturel français «*Victor Hugo*», ouvert à Tashkent en 2002.

f) La Corée du Sud

Les relations diplomatiques avec la Corée du Sud ont été établies de bonne heure, dès janvier 1992, et c'est également au cours de cette année que le président Karimov s'est rendu à Séoul en visite offcielle. Pour sa part, le président sud-coréen Kim Young Sam a effectué sa visite en Ouzbékistan en juin 1994.

La coopération avec la Corée du Sud bénéficia d'emblée d'une situation privilégiée: dès 1937, des dizaines de milliers de Coréens de la région de Vladivostok avaient été déportés par le régime soviétique en Ouzbékistan, de telle sorte qu'il y a actuellement dans ce pays quelque 200.000 ressortissants coréens, très actifs notamment dans l'économie et

[192] Sénat, Session ordinaire de 2000-2001. Rapport d'Information fait au nom de la Commission des Affaires étrangères, de la défense et des forces armées à la suite d'une mission effectuée au Kazakhstan et en Ouzbékistan du 7 au 14 avril 2001.

le commerce. Les échanges commerciaux entre la Corée du Sud et l'Ouzbékistan sont importants : les importations ouzbèkes en provenance de ce pays se situent en seconde position après celles de la Russie (9,8 %).

Fin 2000, les investissements sud-coréens en Ouzbékistan s'élevaient à quelque 900 millions de $. Cette coopération est notamment active dans le secteur textile et dans l'industrie automobile: le combinat textile à Ferghana qui travaille avec des capitaux sud-coréens emploie plus de 3.000 ouvriers. De nouvelles unités y ont été crées en 2001.

Constituée en 1992, la joint-venture *Uz Daewoo Auto* a édifié à Asaka, au coeur de la vallée de Ferghana, une usine de fabrication de trois catégories de voitures: la berline Naxia (1.500 cc), la mini Tico (800 cc), et le microbus Damas (800 cc). L'usine dont la construction a débuté en 1994, avait initialement une capacité de production de 100.000 voitures par an qu'on s'est proposé de porter dans les cinq ans à 200.000 unités. Le premier microbus Damas est sorti de l'usine le 25 mars 1996, alors que les premières Naxia et Tico ont fait leur apparition en juin de la même année. Actuellement, l'usine *Uz Daewoo Auto* emploie quelque 3.500 travailleurs L'Etat ouzbek détient 50 % de cette joint-venture. En 2001, Daewoo a entamé la fabrication de l'automobile «Matuz». La récente faillite de la société-mère en Corée du Sud n'a pas ébranlé les activités de sa filiale en Ouzbékistan.

Parmi les grandes entreprises sud-coréennes représentées en Ouzbékistan, le groupe *Daewoo Corp.* et ses filiales occupent une place privilégiée (*Daewoo Unital, Daewoo Auto, Daewoo Bank, Daewoo Textile, Daewoo Electronics)* : une usine de télévision et de video-cassettes a été établie à Tashkent. Parmi d'autres firmes, mentionnons la *S.K., la Shindong, la Hyunday, l'Asiana, L.G. Electronics.*

Constitué à Tashkent en 1992, le *Centre de formation de la République de Corée* exerce ses activités dans les domaines culturel et linguistique. Au cours des dix années de son existence, le Centre a organisé l'envoi dans les universités sud-coréennes de plus de 200 stagiaires ouzbeks.

g) Le Japon

C'est de bonne heure que le Japon a marqué son intérêt pour les nouveaux Etats indépendants issus de l'U.R.S.S. A la Conférence de Washington (22-23 janvier 1992), le ministre japonais des Affaires étrangères Michio Watanaba a annoncé que son gouvernement accordera 50 millions de $ aux pays de la C.E.I au titre d'aide humanitaire et d'assistance technique. Selon le gouvernement japonais, les nouveaux Etats auraient besoin d'une aide étrangère pour orienter leurs structures étatiques vers une économie de marché. M. Watanaba était d'avis que les pays de la C.E.I pourraient utilement s'inspirer de l'expérience japonaise pour développer leurs petites et moyennes entreprises.

C'est au cours de la Seconde guerre mondiale que se sont noués les premiers contacts ouzbéko-japonais: les autorités soviétiques ont fait interner en Ouzbékistan des milliers de prisonniers japonais qui allaient travailler dans les entreprises industrielles et agricoles du pays. De nos jours, plusieurs cimetières et mémoriaux commémoratifs témoignent de cette présence nippone sur la terre ouzbèke et des délégations d'anciens internés japonais viennent sur ces lieux pour rappeler son souvenir.

La première conférence nippo-ouzbèke consacrée aux relations économiques entre les deux pays eut lieu en juin 1993: elle a débouché sur la création de deux Comités mixtes, et peu après, sur la siginature d'un acccord de coopération. Le Japon et l'Ouzbékistan ont conclu en mars 1994 un accord relatif aux échanges commerciaux ainsi qu'à la protection réciproque des investissements. A l'occasion de la visite du président Karimov au Japon en mai 1994, le Département des Relations économiques extérieures a signé des protocoles de coopération avec *Mitsuish Corp., Mitsui & C° Ltd, Sumitomo Corp., Marubeni Corp. et Nishé Ivai Corp.* D'autres arrangements ont été conclus entre la *Banque nationale ouzbèke pour les relations économiques extérieures* et la *Bank of Tokyo* ainsi que la *Sakura Bank.*

Consécutivement à la visite au Japon, en 1996, d'une délégation ouzbèke conduite par le premier ministre Soultanov, une série d'accords ont été finalisés en vue du financement de la reconstruction de la raffinerie de Ferghana, la modernisation des aéroports de Boukhara, Ourgentch et Samarkande, ainsi que la coopération universitaire dans le domaine de l'enseignement de l'économie politique en Ouzbékistan. En décembre 1996, deux firmes japonaises ont signé des accords relatifs à la modernisation du réseau téléphonique ouzbek (138 millions de $).

La *Marubeni Corp.* a participé à la construction de la raffinerie de Boukhara: ce projet de 262 millions de $ était financé par l'*Eximbank* du Japon (64,3 millions), la *Coface* française (86 millions), *l'Uzbekneftgas* (76 milloins) et *l'Eximbank* américaine (35,7 millions). La multinationale *Mitsui* était engagée dans la réhabilitation de la raffinerie de Ferghana, dont le financement était assuré à hauteur de 50 millions de $ par *l'Export-Import Bank* du Japon. Elle participait également à la mise en valeur du gisement aurifaire du «Kyzylalmasal», ainsi, qu'à la construction, en coopération avec *Nishé Ivai*, d'une usine de polyéthylène dans la région de Kashkadaria. La *Nishé Ivai* coopérait avec la *M.U. Kellog* et l'*Uzbekneftgas* dans la mise en valeur des gisements pétroliers et gaziers de Kokdumalak dont le financement était assuré par *l'Eximbank* du Japon et l'*Eximbank* des Etats-Unis. La société *Sumitomo* a pris part aux soumissions relatives à l'attribution de permis d'exploitation des gisements aurifères. Les sociétés japonaises *Homen Corp.*, *Hocho Rayon*, *Knematsu* et *Marubeni* ont développé leur activité dans le secteur textile.

La *Mitsubishi Corp.*, la *Cie nationale de pétrole de Chine* et la compagnie américaine *Exxon* ont créé un consortium en vue d'une éventuelle construction d'un gazoduc transcontinental long de 6.139 km qui relierait l'Ouzbékistan avec le Turkménistan, le Kazakhstan et la Chine. La réalisation de ce gigantesque projet nécessiterait un investissement de 9,5 milliards de $.

Les autorités ouzbèkes se sont prononcées en faveur de la reconnaissance au Japon d'un siège permanent au Conseil de sécurité des Nations Unies.

h) La Chine

La Chine a noué de bonne heure les relations avec l'Ouzbékistan. Lors de sa tournée dans les républiques d'Asie centrale en avril 1994, le premier ministre Li Peng déclara que son gouvernement est désireux de bâtir une «nouvelle Route de la Soie» qui permettrait un regain de coopération entre la Chine et les pays centre-asiatiques.

Les relations économiques entre les deux pays ont été placées sous l'égide d'une *Commission intergouvernementale* qui se réunit chaque année.

Les échanges commerciaux entre l'Ouzbékistan et la Chine ont atteint 107 millions de $ en 2001, en progression de 15 % par rapport à l'an 2000.

Ces dernières années, le Gouvernement de la Chine a accordé à l'Ouzbékistan trois crédits d'un montant total de 230 millions de Yuans. Un de ces crédits était destiné à faciliter les fournitures du gaz chinois à l'Ouzbékistan. L'accord sino-ouzbek conclu lors de la visite en Chine du président Karimov, en novembre 1999, a prévu l'octroi à l'Ouzbékistan d'un crédit de 100 millions de Yuans. La compagnie chinoise *Tianjin machinery Import and Export Corp.* s'est engagée dans le cadre de cet accord à fournir à l'Ouzbékistan, en 2002, 650 mini-tracteurs, fabriqués à Nimbo, dans la province orientale de la Chine. Il avait été prévu que ce nombre sera porté en 2004 à 6.500 unités, l'assemblage de ces engins devant s'effectuer à Tashkent.

L'entreprise chinoise *Sitik* et l'organisme d'Etat *Uzbekkim* ont signé en juillet 2002 un accord relatif à la construction à Koungrade d'une usine qui produira 100.000 t./an de soude de calcium à partir de 2004. L'investissement total de ce projet porte sur 32,3 millions de $.

i) La Belgique, l'Italie, la Suisse, Israël

La *Belgique* a reconnu l'Ouzbékistan le 31 décembre 1991 et a établi avec celui-ci les relations diplomatiques le 10 mars 1992, sans ouvrir une ambassade à Tashkent; depuis juin 1999, elle est représentée par un consul honoraire. L'Ouzbékistan a ouvert son ambassade à Bruxelles en 1995.

Une mission de l'Office belge du Commerce extérieur a séjourné dans ce pays au mois de juin 1996. Elle avait un caractère exploratoire: il s'agissait de s'informer sur les opportunités offertes par le marché ouzbek compte tenu de ses possibilités, mais aussi de ses priorités économiques. Parmi les secteurs se prêtant à des échanges avec la Belgique, la Mission a relevé surtout le textile (fourniture de machines textiles belges pour l'industrie cotonnière ouzbèke).

Au mois de novembre 1996, le président Karimov s'est rendu en visite officielle en Belgique, où il fut reçu par le roi Albert II et eut des entretiens avec des personnalités du monde politique et économique. Il a remercié les autorités belges d'avoir soutenu l'Ouzbékistan dans ses démarches de rapprochement avec l'Union européenne. Les deux parties ont signé une convention visant à éviter les doubles impositions, ainsi qu'un accord sur le trafic aérien. La visite présidentielle eut d'heureuses incidences sur le développement ultérieur des relations politiques, économiques et humanitaires entre les deux pays. Le 13 mai 1997, l'Office belge du Commerce extérieur a accueili une délégation ouzbèke conduite par M. V. Chjen, vice-premier ministre, président du Comité d'Etat pour la privatisation et la gestion des biens d'Etat. Cette rencontre a permis à la cinquantaine d'hommes d'affaires belges de se tenir informés du progrès des réformes économiques en Ouzbékistan et de rencontrer individuellement des délégués d'entreprises ouzbèkes. Elle fut suivie par une série d'autres visites réciproques.[193]

---

[193] Le président du Sénat F. Swaelen s'est rendu en 1997 à Tashkent où il a présidé la Conférence interparlementaire de l'Assemblée de l'OSCE. En mars 1998, une délégation du Parlement ouzbek s'est rendue en visite officielle en Belgique, et en avril 1998, le premier ministre belge J.-L. Dehaene est venu en visite officielle en Ouzbékistan; c'est aussi en avril 1998 que A. Kamilov, ministre ouzbek des Affaires étrangères, s'est rendu en Belgique en visite officielle. Elle fut suivie en novembre 2001 par la

La présence économique des Belges en Ouzbékistan n'est pas très importante et on le comprend: un grand nombre d'entreprises belges, y compris ses importantes banques et ses sociétés holding, sont passées ces dernières années sous contrôle étranger, ce qui réduit considérablement les capacités d'investissement des Belges dans leur pays ou en dehors de ses frontières. Quelques entreprises belges agissent en Ouzbékistan individuellement: *Louis Dreyfus Cotton International, Maxx Intermodal Systems, Ebaco International, Astros, Armstrong International*. D'autres capitaux sont engagés dans les joint-ventures qui sont moins d'une dizaine.

Au cours des onze mois de 2001, les exportations ouzbèkes vers la Belgique ont atteint 39,4 millions d'euros (contre 41,5 millions d'euros en 2000), l'Ouzbékistan n'ayant importé pendant cette période que pour 7,5,millions d'euros (contre 13,9 millions d'euros en 2000). L'Ouzbékistan exporte notamment des produits textiles; il importe les équipements mécaniques et électriques, les produits pharmaceutiques, les produits chimiques.

En mars 2002, le gouvernement belge a octroyé un montant de 620.000 euros pour aider les populations de la Karakalpakie, victimes d'une persévérante sécheresse.

La visite officielle du président Karimov en *Italie* en novembre 2000 a produit une impulsion à l'accroissement des relations économiques entre les deux pays. Il a été convenu de

---

visite à Bruxelles d'une délégation ouzbèke comprenant le ministre des Affaires étrangères A. Kamilov, le ministre de la Défense K. Goulamov et le ministre des relations économiques extérieures E. Ganiev. Les représentants des milieux d'affaires de la Flandre, de la Wallonie et de Bruxelles se sont rendus en Ouzbékistan en mai 2002.

créer une Commission intergouvernementale dont la première réunion eut lieu à Tashkent en mai 2002.

Il y a de nos jours en Ouzbékistan 47 entreprises à capitaux italiens et 5 entreprises exclusivement italiennes ; la joint-venture *Sovplastital* produit des articles en plastique. Les échanges commerciaux avec l'Italie se sont élevés en 2001 à 89,1 millions de $. Pour la troisième fois consécutive s'est tenue à Tashkent en mai 2002 une Exposition commerciale italienne réunissant une centaine de sociétés.

Les relations diplomatiques avec la *Suisse* ont été établies le 7 mai 1992. Les échanges commerciaux ont porté en 2001 sur 237,9 millions de $; les exportations ouzbèkes vers la Suisse s'élevaient à 8,3 % du total.

De nos jours, 67 entreprises à capitaux suisses exercent leur activité en Ouzbékistan. La compagnie mixte *Nestlé-Ouzbékistan* a investi plus de 35 millions de $ dans la production de produits laitiers à Namangane. La société *Dori-Darmon* emploie 350 personnes dans le secteur pharmaceutique; des entreprises suisses exportent de l'équipement pour l'industrie textile ouzbèke. La firme suisse *Vimatex* a investi début 2002 14,5 millions de $ dans deux joint-ventures textiles situées à Boukhara et en Karakalpakstan. La production de ces deux filatures sera exportée.

Les autorités ouzbèkes ont noué des relations avec plusieurs banques suisses et ont déposé une partie de la réserve d'or dans ce pays; le *Crédit suisse* est représenté à Tashkent.

L'Ouzbékistan a noué de bonnes relations avec *Israël* dont le gouvernement a approuvé pleinement sa lutte contre le terrorisme fondamentaliste. Israël apprécie l'attitude des autorités ouzbèkes à l'encontre de la minorité juive établie dans le pays, notamment dans la région de Boukhara et à Tashkent: il y avait des Juifs à Boukhara et au Kokand depuis des siècles, et leur nombre s'est accru au XIXe s. consécutivement à la colonisation russe de l'Asie centrale. Certains d'entre eux ont fait fortune dans l'industrie et le commerce: actifs dans le textile, les mines de charbon et les chemins de fer, les industriels Vodaiev furent considérés comme «les Rothschild du Turtestan».[194] De nos jours, la communauté juive forte d'environ 100.000 personnes, est parfaitement intégrée dans la société ouzbèke et joue un rôle non négligeable dans son économie.

Consécutivement à la visite à Tashkent, en juillet 1994, du ministre israélien des Affaires étrangères Shimon Peres, des accords ont été signés en ce qui concerne la promotion des relations commerciales, des investissements et du tourisme ; une ligne aérienne relia Tashkent avec Tel Aviv où *l'Uzbekistan Airways* a sa représentation. En septembre 1998, le président Karimov a effectué une visite officielle en Israël ; son livre *«Uzbekistan on the Eve of the 21st Century»* fut publié, entre autres, en hebreu.

En octobre 2001, un accord a été conclu avec une firme israélienne pour l'exploitation des mines d'or.

---

194 Catherine Poujol, Les relations entre l'Asie centrale et la Palestine, dans Cahiers du Monde russe et soviétique, janvier-mars 1991, p. 39.

En guise de conclusion

Accédé à l'indépendance à la faveur de la désintégration de l'Union soviétique, l'Ouzbékistan a réussi depuis ces années troubles à préserver cet inestimable acquis: il se forgea les contours d'une nouvelle identité nationale, a pris conscience de ses valeurs culturelles en exaltant son passé, et s'efforce de situer la souveraineté du peuple ouzbek sur des fondements socio-culturels solides. Il a maintenu des relations amicales avec les Etats voisins, a rééquilibré ses rapports avec la Russie avec laquelle il refuse désormais tout lien de dépendance, et s'engagea ces derniers temps dans une politique d'étroite coopération avec les Etats-Unis, devenant leur allié privilégié en Asie centrale. On s'accorde à reconnaître qu'il occupe actuellement une position clé dans le maintien de la stabilité politique dans cette région.

En même temps, les autorités gouvernementales ont réussi à préserver l'ordre constitutionnel en vigueur en réagissant fermement contre toute menace d'imposition d'un Etat islamiste radical qui ferait le malheur du pays et de sa population: il les plongerait dans une guerre civile.

Mais cette lutte sans merci contre le fondamentalisme islamiste armé a ralenti, hélas, le processus de démocratisation des institutions politiques ouzbèkes, à telle enseigne que les atteintes aux droits de l'homme ont soulevé maintes réserves de l'OSCE et de l'Union européenne avec lesquelles les autorités du pays entretiennent des relations de coopération : le combat contre le terrorisme ne doit pas être un prétexte pour certains agissements. Ceci dit, ce processus est malgré tout en cours : après tout, la démocratie ne se décrète pas, elle ne concerne pas uniquement l'Etat mais également (et surtout) l'ensemble d'une population qui depuis des siècles n'a pas connu un régime de libertés démocratiques. Il faut donc un vaste programme éducatif et c'est une question de temps : il faut avancer pas à pas. Mais c'est aussi un impératif : la légitimité d'un régime politique, soulignons-le, est fonction du respect par l'Etat - par les autorités gouvernementales - des finalités humaines du pouvoir et du rôle reconnu aux citoyens à la participation, c'est-à-dire à la gestion de la chose publique.

Ceci dit, l'Ouzbékistan constitue aujourd'hui le cœur économique et culturel de l'Asie centrale. On est porté à reconnaître qu'il dispose d'incontestables atouts pour devenir dans un proche avenir une puissance économique avec laquelle il faudra compter: il détient d'importantes ressources naturelles qui ne demandent qu'à être exploitées, le pays s'est engagé dans une stabilité politique qui favorise les investissements, son infrastructure industrielle est diversifiée, son urbanisation est en progrès constant (38,2 %), ses cadres techniques sont bien formés, sa population est jeune et laborieuse. Son degré d'alphabétisation est élevé: parmi les jeunes de 16 à 29 ans, les illettrés ne sont que 0,3 %, l'analphabétisme ne s'étant maintenu que parmi les personnes âgées de plus de 65 ans (17,7 % pour les hommes et 30,2 % pour les femmes).

Néanmoins, l'accession de l'Ouzbékistan au rang d'une puissance économique régionale appelle le règlement au préalable d'une série de problèmes qui continuent de freiner sa progression.

Il faut reconnaître que l'économie du pays éprouve toujours des difficultés pour trouver une réponse à la très forte expansion démographique de la population: chaque année apporte des centaines de milliers de nouveaux demandeurs d'emploi. L'exploitation de ressources pétrolières et gazières a sans doute ouvert des perspectives de croissance, mais toutes proportions gardées, elle ne crée pas beaucoup d'emplois. Les différentes privatisations n'ont pas encore débouché sur des résultats tangibles, et la transformation des structures productrices en une économie de marché laisse encore à désirer. Les investisseurs étrangers sont toujours dans l'attente des réformes économiques permettant un véritable décollage des entreprises, certains secteurs de l'économie restent perturbés par la rupture, depuis l'Indépendance, des circuits traditionnels avec les Etats voisins, et l'Ouzbékistan n'est toujours pas membre de l'Organisation mondiale du commerce. Quant à l'assistance économique étrangère, elle ne pourra exercer qu'un rôle d'appoint, sans pouvoir jamais suppléer l'effort créateur interne: on s'aide le mieux soi-même.

A cela s'ajoute la tragédie de la mer d' Aral. Conscient de la gravité de la situation, le président Karimov avait proposé «de créer un Conseil sur les problèmes de l'Aral et de son bassin sous les auspices du Programme de l'ONU pour l'environnement», mais des voix se sont élevées ces derniers temps pour relancer l'ancien projet soviétique de détournement des fleuves de Sibérie afin de sauver cette mer et son milieu naturel.[195] Bien entendu, une telle réalisation n'est concevable

---

195 Вадим Антонов, «Проект надо реабилитировать!» (Vadim Antonov, Le projet doit être réhabilité!), dans Pravda Vostoka (Tashkent), 11 juillet 2002.

qu'avec l'accord de la Russie, ce qui est loin d'être évident; tout ce que l'on pourrait faire dans l'immédiat, c'est demander aux organisations internationales compétentes - la Banque mondiale ou la Banque européenne pour la reconstruction et le développement - une étude approfondie sur la faisabilité du projet, y compris son coût et ses incidences sur l'environnement. Le suivi relève de la volonté politique des puissances - surtout de la générosité de la Russie - et de la disponibilité des organisations internationales appelées à financer cette opération.

Ces différentes situations appellent des correctifs. A long terme, l'indépendance politique du pays doit être complétée par son *indépendance économique,* sans quoi la première risque de rester formelle, sans un réel contenu: il faut que l'exaltation politique qui s'est si légitimement manifestée dans les années succédant à l'accession du pays à sa souveraineté internationale, s'accompagne désormais d'une claire vision et d'une froide détermination économique visant à assurer sa transition vers une économie libre et prospère. Il faut oeuvrer à tous niveaux, sans relâche, à ce que peu à peu, chaque citoyen ouzbek et chaque famille ouzbèke des villes et des campagnes deviennent économiquement indépendants et puissent disposer des moyens matériels permettant d'affronter l'épreuve de la vie de tous les jours: c'est certes un programme ambitieux et une tâche de longue durée, mais qui méritent d'être tentés. C'est aussi cela une véritable indépendance.

Table des matières

www.ingramcontent.com/pod-product-compliance
Lightning Source LLC
LaVergne TN
LVHW050654051026
849532LV00002B/645